LAURIE KILMARTIN, KAREN MOLINE,
ALICIA YBARBO, MARY ANN ZOELLNER

Rabenmütter

GOLDMANN
Lesen erleben

Babys. Sie wollen alles von uns, und sie wollen es sofort. Ihnen ist es vollkommen schnuppe, dass sie dein Sexleben zum Erliegen bringen. Sie scheren sich einen Dreck um die Tatsache, dass du letzte Nacht nur vier Stunden geschlafen hast. Alles, was deine Aufmerksamkeit auch nur für fünf Sekunden auf sich zieht, muss mit lautem Geschrei verärgert oder vertrieben werden. Sie sind vollkommen hilflos und haben zu allem Überfluss schwache Genickmuskeln. Man möchte meinen, dass ein Lebewesen, dessen Überleben so stark vom Wohlwollen anderer abhängt, ein kleines bisschen dankbarer wäre.
Pustekuchen!
Babys sind selbstsüchtig und selbstmörderisch. Sie greifen nach Messern und drehen sich nachts auf den Bauch. Im Krabbelkurs geben sie sich heimlich Ratschläge wie »Steck deine Zunge in die Steckdose«, und alle machen freudig mit. Vergiss niemals, dass dein Baby nur eines will: dein Leben ruinieren.

In *Rabenmütter* verraten die vier Autorinnen die besten Tricks für eine entspannte Kindererziehung – und wie man sie durchzieht, ohne dass es jemand merkt. Es geht den Rabenmüttern nicht darum, perfekt zu sein. Es geht darum, gut genug zu sein und die lieben Kleinen nicht jede Schlacht gewinnen zu lassen.

Autorinnen

Jede der vier Autorinnen ist auf ihre eigene Weise eine gute Rabenmutter.
LAURIE KILMARTIN ist eine erfolgreiche Stand-up-Comedian. Sie lebt mit ihrem Sohn in Los Angeles.
KAREN MOLINE ist Journalistin und Autorin von zahlreichen Sachbüchern und zwei Bestseller-Romanen. Sie lebt mit ihrem Sohn in New York.
ALICIA YBARBO ist TV-Produzentin und hat vier Emmy Awards gewonnen. Sie lebt mit ihrem Mann und zwei Kindern in New York.
MARY ANN ZOELLNER ist TV-Produzentin und hat drei Emmy Awards gewonnen. Sie lebt mit ihrem Mann und zwei Töchtern in New York.

Laurie Kilmartin,
Karen Moline, Alicia Ybarbo,
Mary Ann Zoellner

RABENMÜTTER

Solange die Kinder überleben,
ist alles erlaubt

Aus dem Amerikanischen
von Karin Wirth

GOLDMANN

Die Originalausgabe erschien 2008 unter dem Titel
»Sh*tty Mom. The Parenting Guide for the Rest of Us«
bei Abrams Image, New York

 Dieses Buch ist auch als E-Book erhältlich.

MIX
Papier aus verantwor-
tungsvollen Quellen
FSC® C014496

Verlagsgruppe Random House FSC® N001967
Das FSC®-zertifizierte Papier *Holmen Book Cream* für dieses Buch
liefert Holmen Paper, Hallstavik, Schweden.

1. Auflage
Deutsche Erstveröffentlichung Juli 2013
Wilhelm Goldmann Verlag, München,
in der Verlagsgruppe Random House GmbH
Copyright © der Originalausgabe 2012 by
Laurie Kilmartin, Karen Moline, Alicia Ybarbo, Mary Ann Zoellner
Redaktion: Sabine Cramer
Umschlaggestaltung: UNO Werbeagentur, München
Umschlagabbildungen: © FinePic, München
DF · Herstellung: Str.
Layout und Satz: Sylvia Kühlwein, DTP im Verlag
Druck und Einband: GGP Media GmbH, Pößneck
Printed in Germany
ISBN: 978-3-442-15762-4
www.goldmann-verlag.de

Besuchen Sie den Goldmann Verlag im Netz

Für unsere Mütter:
JoAnn Kilmartin, Gloria Moline,
Irene Ybarbo und Ann Knight

Inhalt

Einleitung   11

Test: Sind Sie eine Rabenmutter?   13

Teil 1: Unsere Kinder wollen uns zugrunde richten

1. Mit Kindern unterwegs: Man multipliziere seine
   schlimmsten Befürchtungen mit tausend und addiere
   zehn Millionen hinzu   17

2. Mit dem Kind zu Hause – und in zehn Minuten soll eine
   Telefonkonferenz stattfinden   21

3. Kontra Computer: Lassen Sie nicht zu, dass Ihr Kind ein
   unsympathischer Nerd wird.   24

4. Pro Computer: Endlich kann ich mit meinem Kind im
   Restaurant essen. Danke, Angry Birds!   27

Teil 2: Aber manchmal sind sie einfach hinreißend

5. Wie Sie am besten reagieren, wenn Sie den Verdacht haben,
   dass Ihr Kind schwul ist (*Tipp: enthusiastisch*)   33

6. Wenn Ihr Kind einen anderen ethnischen Hintergrund hat   37

7. Die bittere Erkenntnis, dass das eigene Kind einfach nur
   durchschnittlich ist   40

Teil 3: Man darf es sich ruhig auch mal einfach machen

8. Die Zehn-Sekunden-Regel oder Der Schnuller auf dem Boden. . . .   45

9. Wie man es schafft, jeden Sonntag auszuschlafen   47

10. Wenn man nur ein Kind hat, reicht ein halbes Dorf   51

11. Wie man sein Baby im Auto lässt, während man schnell
etwas einkauft 55

12. Sportvereine sind etwas Tolles für Kinder, aber eine
Zumutung für Eltern 59

13. Wie man seine Kinder ohne die leiseste Gefühlsregung
für ein Wochenende/eine Woche/einen Monat/für immer
bei Oma abgibt 62

14. Wie man bei der Kinderausstattung spart (indem man
sich bei seinen egoistischen Freundinnen bedient) 67

15. Eine Tradition, die abgeschafft werden muss:
handgeschriebene Danksagungen. 71

16. Wie man seine Kinder wegen einer Geschäftsreise
im Stich lässt 74

Teil 4: Andere Leute sind schrecklich

17. Jemand hat Ihren Babynamen gestohlen! oder
Die Ballade der ersten Aidan-Mutter 81

18. Das unsagbar Böse:
eine Geburtstagsfeier – mit Hüpfburg – im Stadtpark. 85

19. Schluss mit dem schrecklichen Kosenamen,
den Ihr Schwiegervater für Ihr Kind verwendet 87

Teil 5: Und manchmal sind wir selbst das Arschloch

20. Wie man sein krankes Kind – von den Erzieherinnen
unbemerkt – im Kindergarten abliefert 91

21. Sollten Sie mit dem Simsen aufhören, wenn Ihr Kind
von einer anderen Mutter angebrüllt wird?. 95

22. Wie man sich eines Neugeborenen entledigt,
das gerade in die Windel gemacht hat. 98

23. Oh, sind Sie etwa ausgerastet?. 100

24. Wie man es schafft, das Baby mitten in der Nacht
nicht zu hören 104

Teil 6: Etwas andere Mütter

25. Alte Mütter:
Na, hatte da jemand noch eine brauchbare Eizelle? 109

26. Junge Mütter:
    Eine Möglichkeit, sein Leben früh zu ruinieren 112

27. Ihre »Freundin« hat neuerdings ein zweisprachiges
    Kindermädchen 115

28. Wie man mit sportlichen Müttern umgeht 119

29. Alleinerziehende Mütter: Sorry, aber niemand wird
    Ihnen trauen, solange Sie nicht getraut wurden 122

Teil 7: NAMAS (Nicht-MAMAS)

30. Die Kollegin, die ihren Hund für ein Kind hält 127

31. Wie man die Freundschaft zu einer NAMA erhält,
    mit der man früher um die Häuser gezogen ist 130

32. »Kein Problem – bring dein Kind einfach mit!
    Das wird sicher lustig!« 133

Teil 8: Es ist keine Paranoia – Ihr Baby mag wirklich keiner

33. Trotzanfälle im Supermarkt/Kaufhaus/Klamottenladen 139

34. Der Babysitter muss nicht perfekt sein – es reicht,
    wenn er pünktlich kommt 143

35. Ja, der Babysitter fällt ein Urteil über Sie 146

36. Gottverdammte Babys im gottverdammten Flugzeug 149

37. Wie Sie es schaffen, der Arbeit fernzubleiben,
    ohne zuzugeben, dass Ihr Kind krank ist 153

Teil 9: Peinliche Unterhaltungen

38. Wie man die Situation rettet, nachdem man einer
    dunkelhäutigen Mutter das falsche dunkelhäutige Kind
    zugeordnet hat. 161

39. Wie man eine Mutter loswird, die die ganze Zeit
    dableiben will, während die Kinder miteinander spielen 164

40. »Dein Papa ist eine miese Ratte« und andere
    Einschätzungen, die man für sich behalten sollte 166

41. Wenn Ihr langhaariger Junge von
    Fremden für ein Mädchen gehalten wird 169

Teil 10: Keine Angst, wir haben euch nicht vergessen, Rabenväter!

42. Er will Sex – und Sie würden am liebsten für die nächsten
    zehn Jahre Ihre Beine zusammennähen 175

43. Wie Sie den Vater Ihres Kindes davon abbringen,
    Ihren Sohn »Kumpel« zu nennen 178

44. Rabenmütter-Ode an den Vater im Erziehungsurlaub. 180

Teil 11: Es ist in Ordnung, den Zoo zu hassen

45. Zootiere, die gefeuert werden sollten. 185

46. Das schlechteste Kinderbuch: *Der Baum, der sich
    nicht lumpen ließ* oder *Ich lieb dich für immer* 192

Teil 12: Rabenmütter – wir wollen euch helfen

47. Multinationale Konzerne, die kostenlose Kinder-
    betreuung anbieten oder Wie man ein Buch
    mit dem Titel *Rabenmütter* schreibt, ohne den
    gesamten Vorschuss für Babysitter auszugeben 197

48. Wenn der Anblick eines Babys einen Zustand geistiger
    Umnachtung auslöst, in dem man noch einmal
    Mutter werden möchte. 200

49. Wie man seinen Spaß an gewaltbetonten
    Filmen und Witzen wiederentdeckt 204

50. Wie man es vermeidet, sich wegen Horrorstorys
    in den Nachrichten verrückt zu machen 209

51. Wie man mit den Kindern Eisenbahn oder Barbie spielt,
    ohne aus dem Fenster springen zu wollen 212

52. Was Sie unbedingt noch vor der Entbindung erledigen müssen. . . 215

Danksagung 217

Einleitung

Kinder.

Sie wollen alles, was wir haben, und zwar jetzt sofort. Es belastet sie kein bisschen, dass sie unsere Bauchmuskeln und unser Liebesleben ruinieren. Und dass wir letzte Nacht nur vier Stunden geschlafen haben, ist ihnen völlig schnuppe. Kinder – und ihre Vorstufen, Babys – scheren sich den Teufel um die Hypothek, die Altersvorsorge oder die Tatsache, dass wir ihretwegen Hängebrüste bekommen. Sie wollen, dass wir unseren Beruf aufgeben und ihnen unsere ungeteilte Aufmerksamkeit schenken. Babys hassen unsere Freunde, und wenn es nach ihnen ginge, wäre der Hund schon längst im Tierheim (vorzugsweise in einem, das Euthanasie praktiziert). Jedes andere Lebewesen, jedes körperliche Bedürfnis oder seelische Verlangen, das uns auch nur fünf Sekunden in Anspruch nimmt, ist ihr natürlicher Feind und muss niedergebrüllt werden.

Und zu allem Überfluss sind Babys auch noch völlig hilflos. Sie haben weiche Stellen am Kopf und schwache Halsmuskeln. Sie können weder vor Raubtieren weglaufen noch ein Tiefkühlgericht in die Mikrowelle schieben. Ist es falsch zu erwarten, dass ein Geschöpf, dessen Überleben in so hohem Maß von anderen abhängt, seinen Eltern und Beschützern dankbar ist?

Ja. Denn diese Erwartung wird garantiert enttäuscht. Egoistisch und lebensmüde, wie Babys sind, versuchen sie 24 Stunden am Tag sich umzubringen. Sie greifen nach Messern, lecken an der Flasche mit dem Haushaltsreiniger und drehen sich nachts auf den Bauch. Sie telefonieren jeden Morgen miteinander und hecken neue Möglichkeiten aus, uns den Kinderschutzbund auf den Hals zu hetzen. In ihrer geheimen Facebook-Gruppe schreibt das führende Baby: »Steckt die Zunge in eine Steckdose!«, und seine Follower posten die besten Methoden. Sie sind die bösartigsten Jungtiere des gesamten Tierreichs. Wenn Sie eines aus der Klinik oder einem rumänischen Waisenhaus mit nach Hause bringen, sollten Sie immer daran denken, dass Ihr Baby nur das eine Ziel im Leben verfolgt: Sie zugrunde zu richten.

Rabenmütter ist ein Survival-Handbuch für Mütter und enthält Tipps für das Leben mit Babys und dem, was aus ihnen wird – Kindern. In *Rabenmütter* geht es zum Beispiel darum, wie man Kinder zu 100 Prozent betreut, dabei aber nur 40 Prozent seiner Aufmerksamkeit einsetzt. Es geht darum, seine Aufgabe halbherzig zu erledigen, aber trotzdem so gut, dass es keiner merkt. Es geht darum, dieses verflixte Baby nicht jeden Kampf gewinnen zu lassen.

TEST: Sind Sie eine Rabenmutter?

**Finden Sie es heraus,
indem Sie unsere Quizfragen beantworten.**

- Haben Sie Kinder gehasst, bevor Sie selbst eins hatten?
- Hassen Sie sie jetzt noch mehr (mit Ausnahme Ihres eigenen)?
- Wenn andere Leute sagen, das Leben mit Kindern sei so anstrengend, denken Sie dann: »Nicht, wenn man es so macht wie ich«?
- Sind Sie bereit, das Wohlergehen Ihres Kindes ein Stück weit zu opfern, um eine Stunde länger schlafen zu können?
- Ignorieren Sie die Empfehlungen von Kinderärzten, wenn Sie anderer Meinung sind?
- Muss Ihr Kind 40 Grad Fieber haben, damit Sie es zu Hause lassen?
- Fragen Sie sich, ob Sie den Schwellenwert für das Zuhauselassen auf 41 Grad anheben sollten, wenn Ihr Kind 40 Grad Fieber hat?
- Wenn Sie der Einteilung der Mütter auf dem Spielplatz in »Mütter, die mit ihren Kindern spielen« und »Mütter, die auf der Bank sitzen und SMS verschicken« zustimmen, würden Sie sich dann der zweiten Kategorie zuordnen?
- Wenn Sie sich entscheiden müssten zwischen
  a) einem Babysitter, der mit Ihren Kindern spielt, aber zu spät kommt, und
  b) einem Babysitter, der Ihre Kinder ignoriert, aber pünktlich ist, würden Sie dann b wählen? (Die Angabe, dass Sie dafür sorgen würden, dass a pünktlich kommt, ist nicht zulässig.)
- Ist Ihnen durch Ihre Mutterschaft bewusst geworden, dass Ihre eigene Mutter noch schlechter war, als Sie dachten?

**Falls Sie drei oder mehr Fragen mit »Ja« beantwortet
haben, sind Sie eine Rabenmutter.
Wenn Sie alle Fragen mit »Ja« beantwortet haben,
sind Sie eine Heldin.**

Teil 1:

Unsere Kinder wollen uns zugrunde richten

1

Mit Kindern unterwegs: Man multipliziere seine schlimmsten Befürchtungen mit tausend und addiere zehn Millionen hinzu

Sie beladen den Minivan mit Safttüten, Apfelscheiben, Käsebroten, essbaren Goldfischen, kleinen Kühlelementen, Büchern, Buntstiften und tragbaren DVD-Playern. Versuchen wir zunächst einmal nachzuvollziehen, wie es so weit kommen konnte. Welche Verkettung falscher Entscheidungen hat zu diesem schrecklichen Morgen geführt? Wie kann es sein, dass eine schlaue Frau wie Sie in einigen Stunden auf einer zweifelhaften Raststätten-Toilette ihr Baby wickeln wird?

Haben Sie vergessen die Entfernung zu googeln, bevor Sie eingewilligt haben, über Weihnachten zu den Schwiegereltern zu fahren? Oder mit der ganzen Familie ins Phantasialand? War Ihnen nicht klar, dass Sie durch ganz Deutschland fahren müssen, um von Ihrem Wohnort Flensburg an den Bodensee zu kommen?

Da hatten Sie ja einen ganz schönen Aussetzer.

HIER EIN PAAR DINGE, DIE SIE AUSPROBIEREN KÖNNEN:

- **Absagen**: Und nicht nur dieses Weihnachten, sondern jedes Jahr, bis Ihr Jüngster mindestens sechs ist.
- **Skypen**: Bezahlen Sie jemanden dafür, dass er auf dem Computer Ihrer Schwiegermutter Skype einrichtet. Das ist auf jeden Fall billiger als das Benzin.

- **Flugpreise checken**: Man bekommt (außerhalb der Ferienzeiten) ganz vernünftige Last-Minute-Flüge. Das Fliegen mit Kindern ist zwar auch die Hölle, aber es dauert wenigstens nicht so lang.

FALLS SIE SCHON UNTERWEGS SIND:

- **Durch Pinkeln am Straßenrand Zeit sparen**: Wenn Sie mehrere Kinder haben, können Sie nicht jedes Mal, wenn eine Safttüte verdaut ist, an einer Tankstelle halten. Durch Boxenstopps kann sich eine Fahrt um mehr als eine Stunde verlängern, wenn Sie die Brüllattacken mit einrechnen, die auf den verweigerten Kauf von Süßigkeiten zurückzuführen sind.

  Suchen Sie sich einen hübschen Graben neben der Straße oder einen Parkplatz ohne Laden oder andere Attraktionen und bringen Sie Ihrem Kind bei, in der Hocke zu pinkeln beziehungsweise den Piepmatz aus der Hose zu holen. Im Freien zu pinkeln, ist eine Grundkompetenz, die jeder Mensch besitzen sollte. Denn wenn Staat und Kommunen sich immer weiter verschulden, werden öffentliche Toiletten (wie staatliche Universitäten) irgendwann nicht mehr finanzierbar sein.

- **Aufgeben und wenden**: Das ist eine großartige Gelegenheit, den Kindern zu zeigen, dass Mama sich nicht alles gefallen lässt. Denn seien wir mal ehrlich: Ihre Kinder haben schon lange den Respekt vor Ihnen verloren.

  Sie haben damit gedroht, das Kino zu verlassen, als sich die Kinder schlecht benommen haben, sind dann aber doch geblieben – es war einfach bequemer. Ihre Drohungen wirken nicht mehr, Sie sind im Lauf der Jahre müde und berechenbar geworden. Sie sind ein zahnloser Tiger, und die Kinder wissen längst, wie sie mit Ihnen umgehen müssen.

Machen Sie sich klar, dass Sie am längeren Hebel sitzen. Schließlich wollten *Sie* von vornherein nicht zum Phantasialand/Legoland/Europapark/Center Park fahren. Brüllen Sie wie immer: »Ich schwöre, dass ich sofort umdrehen werde, wenn du deine Schwester noch einmal schlägst!« Und dann: Tun Sie es wirklich und drehen Sie um. Die Kinder werden angesichts Ihrer Kaltherzigkeit schockiert sein und werden schreien und heulen. Aber Sie werden nicht nachgeben. Von da an werden sie Sie fürchten, und es wird Ihnen ganz leicht fallen, konsequent zu sein.

- **Die Kinder schmoren lassen**: Unsere Kinder sind ungeübt in den dunklen Künsten der selbstständigen Freizeitgestaltung während einer langen Fahrt. Sie sitzen bequem in ergonomischen Sitzen und trinken aus Bechern, die in praktischen Becherhaltern stehen. Von der Decke des Minivans klappt ein Bildschirm herunter, und sie werden bei Laune gehalten, als wären sie junge Gottkönige in einem der Dekadenz verfallenen vorchristlichen Reich. Ertragen Sie das Jammern, stellen Sie im Radio Ihren Lieblingssender ein und geben Sie Ihren Kindern die Gelegenheit zu lernen, was es heißt, ganz ohne Ablenkungen mit seinen Gedanken allein zu sein.

 Denken Sie daran:
Dieses Mal wenden Sie das Auto SOFORT!

Dinge, die Ihre Kinder an der Tankstelle mit dem Scheibenreiniger putzen wollen

Ach ja, die lieben Kleinen. Sie helfen so gern an der Tankstelle. Sie wollen die Tankpistole halten und dann das Auto mit einem Scheibenreiniger putzen, der schon seit Tagen im Schmutzwasser liegt. Und nachdem Ihre Tochter das Auto geputzt hat, will sie noch mehr tun. Je nachdem, wie aufmerksam Sie sind, wendet sie sich einem der folgenden Objekte (oder allen) zu:

- Dem Boden
- Anderen Autos
- Ihren Schuhen
- Den kürzlich aufgearbeiteten Ledersitzen im Auto (oh, jetzt ist sie *im* Auto)
- Dem Navi
- Der handgeschriebenen Wegbeschreibung zum Phantasialand
- Den Haaren ihrer jüngeren Schwester
- Allen Orangenstücken. Allen.

2

Mit dem Kind zu Hause – und in zehn Minuten soll eine Telefonkonferenz stattfinden

Ob Sie zu Hause arbeiten, weil Ihr Kind krank ist, weil Sie Freiberuflerin oder noch auf Arbeitssuche sind – es gibt eines, was Sie vor einer Telefonkonferenz tun müssen: Ihr Kind zum Schweigen bringen.

Kinder hassen alle Menschen, die Ihre Aufmerksamkeit von ihnen ablenken. Wie Tiere, die ein Erdbeben vorausahnen können, spüren Kinder es, wenn Sie im Begriff sind, etwas sehr Wichtiges zu einem Kunden zu sagen. Sie haben große Macht, und sie setzen sie ein, um Unheil zu stiften. Seien Sie gerüstet.

VOR DER KONFERENZSCHALTUNG

- **Vorder- und Hintertür abschließen:** Sorgen Sie dafür, dass Ihr Kind nicht die Wohnung verlassen kann. Möglicherweise müssen Sie sich – wenn Ihr Kind einen Brüllanfall hat – in Ihrem Schlafzimmerschrank verstecken. In diesem Fall müssen Sie sicher sein können, dass Ihre Tochter nicht auf die Straße läuft, während Sie unter den Winterdecken kreative Ideen entwickeln.

- **Ablenkungen vorbereiten**: Legen Sie alles bereit, bevor Ihr Kind Sie den Telefonhörer in die Hand nehmen sieht.

  a) Bestechung mit Nahrungsmitteln: Jetzt ist nicht der richtige Augenblick, um ungesunde Nahrungsmittel zu vermeiden. Lieber soll Ihr Kind Karies oder Diabetes bekommen, als dass Sie Ihren Job verlieren. Eis, Bonbons, Schokolade, Chips, Kaugummi, Pizzareste: Jede Art von Nahrungsmittel, die nach einer schlechten Idee klingt, ist eine gute Idee. Eis sollte vorher in eine Schüssel portioniert, Schokoriegel sollten ausgepackt, Pizzastücke aufgewärmt und alles für die schnelle Ausgabe mitten im Quengeln vorbereitet werden.

  Füllen Sie zwei bis drei Trinkbecher. Statt mitten im Gespräch ausschenken zu müssen, können Sie dann einfach nach dem nächsten Becher greifen. Lassen Sie Ihr Kind nicht gewinnen. So werden Sie es darauf konditionieren, Ihre Konferenzschaltungen zu lieben.

  b) DVDs: Legen Sie eine DVD ein und halten Sie vier weitere als Alternative bereit. Auch wenn Ihr Kind seine Benjamin-Blümchen-DVD liebt, wird es verlangen, dass Sie »Winnie Puuh« einlegen, nur um Ihre Loyalität zu testen. (Dass Sie es zur Welt gebracht haben, reicht nicht.)

WÄHREND DER KONFERENZSCHALTUNG

- **Verstecken**: Bleiben Sie außerhalb seines Gesichtsfelds, damit es sich ganz auf das Essen und den Fernseher konzentrieren kann. Sie haben zehn bis dreißig Minuten, bevor es anfängt, nach Ihnen zu suchen.

- **Telefon stumm schalten**: Aktivieren Sie die Stummschaltung, sobald Ihr Kind Sie gefunden hat. Es ist im Begriff, die »Mama, ich muss mal«-Granate zünden. Es ist immer noch besser, wenn Ihre Kollegen Sie nicht hören, als wenn sie Ihr Kind hören.

- **Sich selbst erlauben, zum Äußersten zu greifen**: Niemand wird den Kinderschutzbund alarmieren, wenn Sie Ihr Kind in seinem Zimmer einsperren. Im Gegenteil: Die anderen Teilnehmer der Telefonkonferenz werden sich wünschen, dass Sie es früher getan hätten.

 Denken Sie daran:

»Wenn meine Kinder am Ende des Tages noch leben, habe ich gute Arbeit geleistet.« *Roseanne*

3

Kontra Computer:
Lassen Sie nicht zu, dass Ihr Kind
ein unsympathischer Nerd wird

Für Sie und uns kommt jede Hilfe zu spät. Die Erwachsenen ab der Generation X sind mit Computern, Laptops, Videospielen, Handys und neuerdings Smartphones aufgewachsen. Wir sehen gleichzeitig fern, surfen im Internet und verschicken SMS. Wir starren immer auf irgendeinen Bildschirm, wir tippen und wischen die ganze Zeit; ungeteilte Aufmerksamkeit ist uns fremd. Wir sind egozentrische, schreckliche Menschen.

Aber weil wir schon erwachsen sind, ist das völlig in Ordnung. Wir haben in den prägenden Jahren unserer Kindheit einige Zeit lang mit realen Objekten gespielt und mit Buntstiften gemalt. Wir dürfen unsympathische Nerds sein, weil wir es uns verdient haben.

Bei unseren Kindern ist das etwas anderes. Langeweile ist persönlichkeitsbildend. Wie sonst soll Ihr ältestes Kind herausfinden, wie stark es Ihr jüngstes Kind kneifen muss, bis es heult? *Wollen* Sie eine jüngere Tochter, die nicht von ihrer älteren Schwester gequält wurde? Das wäre doch unnatürlich.

Kinder, die sich langweilen, entdecken, dass Popel salzig schmecken, dass Textmarker auch an Wänden funktionieren und dass man mit ruhiger Hand einer Fliege bei lebendigem Leib ein Bein ausreißen kann. Kinder, die sich langweilen, schieben irgendwann eine Hand in die Hose und entdecken ihren besten

Freund in spe, der ein paar Zentimeter unterhalb des Nabels zu Hause ist. Weiß der Junge, der auf dem iPhone seiner Mutter Angry Birds spielt, überhaupt, dass er einen Penis hat?

Alle iPhones, iPads und iPods (und ihre Nicht-Apple-Entsprechungen) sollten so lange wie möglich außerhalb der Reichweite von Kindern bleiben. Niemand verlangt, dass Sie diese Geräte ganz abschaffen. Das wäre lächerlich und unvernünftig, denn es würde bedeuten, dass Sie das Festnetz benutzen müssen. Halten Sie sie einfach von Ihren Kindern fern. Hier einige Tipps dazu:

- **Behaupten Sie, das Gerät sei defekt**: Man kann Kindern nicht früh genug vermitteln, dass im Leben auch Dinge kaputtgehen. Computer, Fernsehgeräte, Liebesbeziehungen. Leben bedeutet Schmerz. Zu irgendeinem geeigneten späteren Zeitpunkt können Sie das Gerät wieder »reparieren«. Seht ihr, Kinder? Mütter machen kaputte Dinge wieder heil. Liebeskummer vergeht. Das Leben geht weiter.
- **Behaupten Sie, das Gerät sei unauffindbar**: Und bieten Sie an, es zu suchen. Aber nur im Austausch für die Erledigung einer nützlichen Aufgabe. So werden die Spielsachen aufgeräumt, und Sie sind eine Heldin.
- **Behaupten Sie, der Akku sei leer:** Allerdings gewinnen Sie durch diese Behauptung nur so viel Zeit, wie das Aufladen des Akkus in Anspruch nimmt.

 Denken Sie daran:
Alle diese Lösungen setzen voraus, dass Sie Ihren Kindern ins Gesicht lügen. Seien Sie stark.

Wie Sie vor sich selbst rechtfertigen, dass Ihr Kind zu lange vor dem Computer sitzt

Sie haben kein gutes Gefühl dabei, dass Ihr Kleinkind so viel Zeit vor Bildschirmen verbringt. Eine innere Stimme sagt Ihnen, dass es so nicht sein sollte. Nun, es gibt nur eines, was Sie in Bezug auf diese innere Stimme tun können: sie durch Argumente zum Schweigen bringen.

Ihr Kind lernt am Computer Folgendes:
- Zählen
- Einen Touchscreen zu verwenden
- Dinge auf einem Touchscreen zu zählen und sie anschließend umzubringen

Währenddessen tut es Folgendes nicht:
- Dem Hund eine Sonnenbrille aufsetzen
- Seiner Schwester mit den Fingernägeln die Beine zerkratzen
- Ihr noch mehr Kratzer mit den Zehennägeln verpassen

Später könnte es einmal Folgendes werden:
- App-Entwickler
- Programmierer
- Ein übergewichtiger Gamer, der nie das Haus verlässt. Moment mal, wer hat das eben gesagt? Ach, halt die Klappe, innere Stimme.

4

Pro Computer:
Endlich kann ich mit meinem Kind
im Restaurant essen.
Danke, Angry Birds!

Manchmal wehrt man sich gegen etwas, nur weil es populär ist. Weil man kein willenloses Schaf sein will, das stumpf dem Herdentrieb folgt. Aber dann probiert man diese populäre Sache aus, und sie erweist sich als gar nicht so schlecht. Plötzlich ist es einem peinlich, dass man so lange gebraucht hat, um beispielsweise zuzugeben, dass Katy Perry ganz okay ist. Das vorangegangene Kapitel wurde geschrieben, bevor seine rückgratlose Autorin ihren Widerstand aufgegeben hat und Angry Birds ausprobierte.

Seufz.

Und so folgt jetzt von derselben Person die gegensätzliche Auffassung in Bezug auf den Einsatz digitaler Medien.

Wenn Ihre Kinder bereits ihre digitale Unschuld verloren haben, haben Sie ohnehin keine Chance mehr. Denn dann kennen Ihre Kleinen bereits den wohligen Schauer, den man spürt, wenn man mithilfe eines geschickt geschleuderten Vogels ein Schwein tötet. Sie haben eine Welt jenseits der Kinderzimmeridylle entdeckt und wollen mehr davon.

Glücklicherweise geht es nicht nur Ihnen so. In manchen Restaurants sieht man ganze Familien schweigend im Schein kleiner Bildschirme sitzen und ihr Mahl einnehmen. Wir haben uns alle den digitalen Herrschern unterworfen.

Ach, *Sie* nicht? *Sie* sind standhaft geblieben, was? Ihre Tochter wird noch seeeeehr lange keines dieser Dinger bekommen? Was sind Sie für ein leuchtendes Vorbild!

Damit Ihr Plan funktioniert, müssen allerdings die anderen Mütter dasselbe tun. Und das tun sie nicht. Ihre Tochter wird mit anderen Kindern zur Schule gehen, und diese Kinder werden merken, dass Ihre Tochter »anders« ist. Ihre ungewöhnlich lange Aufmerksamkeitsspanne und ihre Fähigkeit, etwas zu lesen, das länger als eine SMS ist, wird sie als Außenseiterin brandmarken. Sie wird geächtet und ausgelacht werden, bis ihre Fingerspitzen eines Tages den Weg auf den Touchscreen eines Klassenkameraden finden. Sie wird ihn einmal antippen. Ein zweites Mal. Ein Spiel wird sich öffnen, und innerhalb einer Stunde wird sie bei Level 16 sein.

Vielleicht nicht dieses Jahr, vielleicht nicht nächstes Jahr. Aber spätestens in der zweiten Klasse werden Sie eine von uns sein.

Die gute Nachricht ist, dass der Suchtfaktor digitaler Geräte Ihre elterliche Macht stärkt. Aus Ihren Kindern werden Junkies und aus Ihnen ihr Dealer.

Stellen Sie sich einen Augenblick vor, wie es sich anfühlen muss, einem Kokser sein Koks zu geben. Sie haben diesen Kokser voll unter Kontrolle. Dieser Kokser putzt seine Zähne nach der ersten Aufforderung. Er schweigt im Restaurant und während siebenstündigen Autofahrten.

Behaupten Sie also nicht, das iPhone sei unauffindbar, defekt oder zu Hause vergessen worden – das lässt Sie schwach erscheinen. Ein guter Dealer zeigt nie Anzeichen von Schwäche. Machen Sie Ihren Koksern stattdessen klar, dass ihre Connection (Mama) das Smartphone-Äquivalent von zehn Kilo erstklassiger Ware aus Bolivien heruntergeladen hat. Und dass sie diese Ware erst bekommen, wenn sie ihr Gemüse aufgegessen haben.

Kontrollieren Sie den Nachschub: So werden Nationen aufgebaut und Aufstände niedergeschlagen.

***

 Denken Sie daran:
Wir fahren alle gemeinsam zur Hölle.

***

Lügen in der digitalen Welt

Ihre Kinder sehen Sie mit Ihrem Smartphone herumspielen, obwohl »bildschirmfreier Sonntag« ist, und fragen, warum sie das nicht auch dürfen.

»Mama checkt nur ihre E-Mails«
Natürlich checken Sie keine E-Mails. Denn Sie haben gar keine bekommen. Abgesehen von einer, die eine »geile Hausfrau« geschickt hat, die Sie für einen einsamen Mann hält. Ach ja, und Ihr Mann hat geschrieben, aber der zählt nicht.

»Komm, wir hören Radio«
Sie wollen einen Podcast auf Ihrem iPhone hören, der für Ihre Vierjährige zu verdorben ist. Darum können Sie das iPhone nicht an die Lautsprecher anschließen. Schalten Sie stattdessen das Radio ein und schieben Sie das iPhone zwischen Ihre Beine. Stecken Sie einen Ohrstöpsel in Ihr linkes (dem Fenster auf der Fahrerseite zugewandtes) Ohr und verzichten Sie auf den Ohrstöpsel im rechten Ohr. So sieht Ihre Tochter nichts davon und denkt, dass Sie beide zusammen Radio hören. Genießen Sie die Lüge, solange es geht. Ab dem Augenblick, in dem sie das dünne weiße Kabel bemerkt, das von Ihrem linken Ohr herunterhängt und sich deutlich von Ihrem dunkelbraunen Haar abhebt, wird sie Ihnen nie wieder vertrauen.

»Mama will sich vergewissern, dass dieses Spiel für dich geeignet ist«

Ach ja? Warum tragen Sie dann immer noch Ohrstöpsel? Sie sind mit dem schlüpfrigen Podcast noch nicht durch. Das weiß jeder.

Teil 2:

Aber manchmal sind sie einfach hinreißend

5

Wie Sie am besten reagieren, wenn Sie den Verdacht haben, dass Ihr Kind schwul ist (*Tipp: enthusiastisch*)

Manchmal merkt man es. Ihr Sohn mag »Mädchenspielsachen«. Ihr Mann will nicht darüber sprechen, aber Ihre weibliche Intuition sagt Ihnen, dass Ihr Kind schwul sein könnte. Was tun?

Lassen Sie die Korken knallen! Ihr schwules Kind ist vielleicht das Beste, was Ihnen je passiert ist.

LASSEN SIE SICH DARAUF EIN

Wenn Sie Ihr schwules Kind uneingeschränkt unterstützen, werden Sie dafür geliebt werden. Geliebt, verehrt und angebetet. (Und wahrscheinlich in einer Travestie-Show parodiert.) Die schwulen Freunde Ihres schwulen Kindes werden sich wünschen, Sie wären ihre Mutter. Sie werden am Muttertag an Sie denken, und bei Ihrer Beerdigung wird es von gut aussehenden Männern und breitschultrigen Frauen nur so wimmeln.

VERSUCHEN SIE NICHT, IHR SCHWULES KIND »UMZUPOLEN«

Denn es wird nicht nur schwul bleiben, sondern eines Tages verbitterte Memoiren schreiben, falls Sie es nicht akzeptieren. Und wenn das Buch verfilmt wird, wird die Mutter von einer Frau dargestellt, die kleiner, dicker und runzliger ist als Sie. Wer will das schon?

HEIMLICHE SCHWULE
SIND UNGLÜCKLICHE MENSCHEN

Wenn Sie Ihr schwules Kind zwingen, eine Lüge zu leben, wird der Schuss nach hinten losgehen. Aus Kindern, die ihre Homosexualität unterdrücken, werden später in Ungnade gefallene Pastoren (Ted Haggard), heuchlerische Anwälte (Roy Cohn), wahnsinnige Diktatoren (Adolf Hitler, laut einigen Quellen) oder Scientologen (wegen möglicher strafrechtlicher Verfolgung keine Namensnennung).

Ihr Kind hat etwas Besseres verdient.

AUF IN DEN KAMPF

Der fünfjährige Junge, der in Ihrem BH-Hemdchen so bezaubernd aussieht, wird wahrscheinlich als Teenager von irgendeinem Arschloch schikaniert werden. Das ist falsch und unfair, aber häufig die Realität. Schwule Kinder sollten – wie Israel – ein Erstschlagsrecht haben, wenn sie sich bedroht fühlen. Wenn schlagkräftige schwule Teenager-Gangs durch die Straßen ziehen und problematische Hetero-Teenager vermöbeln würden, wäre es bald vorbei mit der Schwulenfeindlichkeit.

Versuchen Sie, Ihr Kind für irgendeine Art von Kampfsport zu interessieren. Wenn es beim Eintritt in die Mittelstufe schon einen schwarzen Gürtel besitzt, übergehen ihn die Schulhofschläger vielleicht und wenden sich dem Jugendlichen zu, der es wirklich verdient hat: dem Nerd.

(Kleine Ergänzung: Nerds sollten ihre Neigungen geheim halten, bis sie alt genug sind, um zu studieren.)

KEINE ANGST VOR TEENAGERSCHWANGERSCHAFTEN

Was konservative Christen an schwulen und lesbischen Paaren beanstanden, sollte Eltern entzücken: Sie können sich nicht fortpflanzen. Im Gegensatz zu Ihrer Schwester, deren heterosexuelle Tochter mit vierzehn beängstigend verrückt nach Jungs sein wird, werden Sie nicht nächtelang aufbleiben und sich sorgenvoll ausmalen, wie Ihre lesbische Tochter auf dem Rücksitz eines Autos geschwängert wird. Oder wie Ihr Sohn eine 15-jährige Partybekanntschaft unglücklich macht.

Schwule und Lesben müssen besondere Anstrengungen unternehmen, um Kinder zu bekommen. Sie bezahlen Leihmütter oder adoptieren Kinder. Lesbische Frauen lassen sich mit dem Sperma anonymer Spender befruchten. Alle diese Prozeduren müssen geplant und teuer bezahlt werden. Wenn Ihr Kind je ein Baby bekommt, müssen Sie es wenigstens nicht aufziehen, während Ihr Sohn oder Ihre Tochter Partys feiert, statt für die mittlere Reife zu pauken.

Und was ist, wenn Sie sich getäuscht haben und Ihr Kind doch hetero ist? Vielleicht haben Sie beim nächsten mehr Glück.

 Denken Sie daran:
Stereotypen kommen nicht von ungefähr. Vielleicht wird Ihre lesbische Tochter einmal ein Fußballinternat besuchen oder Ihr schwuler Sohn Sie frisieren. Bis an Ihr Lebensende. Gratis.

Selbstbewusste Mütter schwuler Kinder

Cher: Genau genommen ist Chers Sohn Chaz ein heterosexueller Mann. Da er aber ursprünglich mal eine Lesbe namens Chastity war, sei Cher anstandshalber erwähnt.

Stephanie Seymour: Das ehemalige Supermodel hat einen offen schwulen Sohn namens Peter Brant II. Die beiden verursachten einen kleinen Skandal, als sie am Strand in einer von manchen Leuten als halb-inzestuös beschriebenen Umarmung fotografiert wurden. Peter wies in einer schriftlichen Verteidigung seiner Mutter darauf hin, dass er schwul sei. Er besuchte zu dieser Zeit die Oberstufe der Highschool. Es ist nicht einfach, in diesem Alter sein Coming-out zu haben, aber es ist zu vermuten, dass seine Mutter es ihm erleichtert hat.

Alice Hoagland: Mark Bingham starb am 11. September 2001. Er war Rugbyspieler und einer der Passagiere des United-Flugs 93. Er half, die Flugzeugentführer zu überwältigen, und verhinderte damit möglicherweise, dass das Flugzeug auf das Capitol stürzte. Hinterher bewies seine Mutter Alice Hoagland eine bewundernswerte Haltung, als sie mit den Medien über ihren Sohn sprach. Sie machte seine Homosexualität nicht zu einem zentralen Thema, scheute sich aber auch nicht, darüber zu sprechen.

Betty DeGeneres: Die Mutter der Talkshow-Moderatorin Ellen DeGeneres hat zusammen mit ihrer Tochter ein Buch geschrieben, in dem Ellens Coming-out thematisiert wird. Sie tritt auch oft bei *Ellen* auf und war die erste heterosexuelle Sprecherin des Coming-out-Projekts der Human Rights Campaign.

6

Wenn Ihr Kind einen anderen ethnischen Hintergrund hat

Rutschen Sie zuerst mal rüber. Sie haben eine Geschichte zu erzählen, und wir sind ganz Ohr. Wir gehen davon aus, dass eines der folgenden Szenarien auf Sie zutrifft:

SIE HATTEN SEX MIT EINEM MANN AUS EINEM ANDEREN KULTURKREIS

Böses Mädchen. Ihren Eltern einen solchen Schrecken einzujagen, als Sie den schwarzen/weißen/chinesischen/türkischen/marokkanischen/arabischen/indischen/griechischen/russischen/somalischen Jungen von der Uni mit nach Hause brachten!

Sie sind Ihrer Zeit voraus. Irgendwann in der Mitte des einundzwanzigsten Jahrhunderts wird Europa nicht mehr von einer weißen Mehrheit bevölkert sein. Dann werden Ihre nicht weißen oder halbweißen oder halbmarokkanischen (aber von niemandem für weiß gehaltenen) Kinder zur Mehrheit gehören. Ein Bonus ist, dass gemischtrassige Kinder oft ganz besonders hübsch sind. Sie nehmen sich von beiden Eltern die besten Merkmale und verzichten auf den Rest. Das Hinzufügen neuer DNA ist ein Jungbrunnen für jeden Stammbaum.

Die Welt ist klein. Diese Tatsache tritt in jedem amerikanischen Wahlkampf wieder zutage, wenn Ahnenforscher herausfinden, dass die Präsidentschaftskandidaten miteinander verwandt sind.

George W. Bush und John Kerry sind Cousins neunten Grades. Dick Cheney und Barack Obama sind Cousins achten Grades. Und wenn diese beiden verwandt sind, dann sind wir es alle. Indem Sie Ihren Zeh in einen neuen Genpool tauchen, verhindern Sie vielleicht, dass Sie es versehentlich mit einem Cousin treiben. (Denn wenn Sie es mit Ihrem Cousin treiben wollen, sollten Sie es wissentlich tun.)

IHRE URURURGROSSMUTTER HATTE SEX MIT EINEM MANN AUS EINEM FERNEN LAND UND ES SCHLÄGT JETZT ERST DURCH

Vor langer, langer Zeit war eine Ihrer Ahninnen kein Kind von Traurigkeit. Der Beweis dafür schlummerte einige Generationen hindurch in den Tiefen des familiären Erbguts, bis eines Tages Ihr Baby mit einer anderen Haarstruktur oder hellerer oder dunklerer Haut zur Welt kam. Vielleicht springt der Unterschied zwischen Ihnen und Ihrem Kind nicht direkt ins Auge, aber hin und wieder ziehen Sie doch verwunderte Blicke auf sich, wenn Ihr milchkaffeebraunes Kind auf dem Spielplatz »Mama!« ruft, Sie mit Ihrem blassen, sommersprossigen Gesicht aufkreuzen und »Was ist denn?« fragen.

SIE HABEN EIN KIND ADOPTIERT

Hallo, Heldin! Außenstehende wissen Folgendes über Sie: Sie sind geduldig, großzügig und gutherzig, haben auf ein Baby gewartet und eines Tages einen Anruf bekommen, der Ihr Leben verändert hat. Und vor allem: Sie wollten dieses Kind. Was niemand weiß, ist, woher Sie Ihr exotisch aussehendes Kind haben. Und da können manche Leute ganz schön neugierig sein. Sie öffnen Google Maps und zählen pazifische Anrainerstaaten auf, die als Heimat Ihrer asiatisch aussehenden Tochter in Frage kommen:

China? Korea? Vietnam? Thailand?

Aus dieser Ungewissheit können nur Sie sie erlösen: »Berlin!«

Sie sind jetzt Expertin in Bezug auf eine Kultur, die Sie zuvor nur aus Spezialitätenrestaurants kannten. Bleibt nur noch eine Frage:

WIE FRISIEREN SIE IHR KIND?

Mit europäischem oder asiatischem Haar kommen Sie wahrscheinlich noch zurecht, aber afrikanisches Haar ist eine ernste Angelegenheit und sollte nicht auf die leichte Schulter genommen werden. (Siehe *Good Hair* von Chris Rock.) Gleich danach kommt rotes Haar, je nach Lockungsgrad.

Gehen Sie mit Ihrem Kind in einen entsprechend qualifizierten Friseursalon und lassen Sie sich von einer Fachkraft zeigen, wie Sie sein Haar stylen können.

 Denken Sie daran:
Es gibt keine bessere Möglichkeit, Ihrem Kind zu zeigen, dass Sie es bedingungslos lieben, als zu lernen, seine Haare zu kämmen.

Meine Kinder, mein Mann und ich gehören derselben Kultur an. Leben wir noch in den Fünfzigern?

Nein, Sie gehören durchaus in dieses Jahrtausend. Aber seien Sie darauf gefasst, dass sich einer unserer ägyptisch-deutschen Söhne Ihre deutsche Tochter schnappen wird und dass es nichts gibt, was Sie dagegen tun können.

7

Die bittere Erkenntnis, dass das eigene Kind einfach nur durchschnittlich ist

Ihr Kind ist drei, vielleicht vier Jahre alt. Bei Spielen mit anderen Kindern ist Ihnen aufgefallen, dass es in intellektueller Hinsicht kein Überflieger ist. Es ist nicht dumm, aber beim Puzzlelegen ist es nicht so schnell wie die anderen. Es kennt einige Buchstaben und kann bis zehn zählen (wenn man die Sechs nicht mitrechnet). Sie müssen sich eingestehen, dass Ihr Kind möglicherweise kein Anwärter auf das Begabtenförderprogramm ist.

Schwein gehabt. Nach allem, was man so hört, entwickeln sich durchschnittliche Kinder zu normalen, gut angepassten Erwachsenen. Die überwältigende Mehrheit der Klassenversager lässt sich in zwei Gruppen einordnen: Kinder aus schlechten Familien und Kinder aus dem Begabtenförderprogramm. Eigentlich sollte dieses Kapitel heißen: »Was tun, wenn Ihr Kind begabt ist?« Denn das sind die Mütter, die sich Sorgen machen müssen.

Wenn man begabten Kindern sagt, dass sie Bundeskanzler werden können, berechnen sie mit ihrem Riesengehirn die Wahrscheinlichkeit und sagen nein. Bald hören sie auf, einem irgendwas zu glauben. Man ist für sie nur noch ein optimistischer Lügner, der nicht einmal die einfachsten statistischen Grundregeln versteht. Dumme Kinder dagegen glauben einem alles.

Ronald Reagan war ein durchschnittlicher Schüler. Geriet seine Mutter deswegen in Panik und schickte ihn viermal pro Woche zur Nachhilfe? Nein. Sie akzeptierte, dass er ein Charmebolzen mit schönen Haaren war und hielt das für absolut ausreichend.

Aber wahrscheinlich wollen Sie keinen durchschnittlichen Schüler. Sie wollen einen Einserschüler. Sie wissen schon, wie George H. W. Bush. Ja, genau: der Präsident mit nur einer Amtszeit. Glatte Einsen sehen auf dem Papier gut aus, verhelfen einem aber nicht immer zu einer zweiten Amtszeit.

Durchschnittliche Kinder sind sich darüber im Klaren, dass sie nicht besonders begabt sind. Gerade weil sie es nicht schaffen, für einen Aufsatz, den sie erst am Abend vor dem Abgabetermin angefangen haben zu schreiben, eine Eins plus zu bekommen, entwickeln sie andere Fähigkeiten. Aus ihnen werden Studenten, die auf eine Klausur lernen, und kompetente Erwachsene, die einen Fliesenspiegel in der Küche anbringen und einen Schongartopf bedienen können.

Wenn ein durchschnittliches Kind beim Einstufungstest an der Uni 80 Prozent erreicht, ist es überglücklich. Ein begabtes Kind wäre an seiner Stelle deprimiert, weil es der Meinung ist, dass es – mit all seinen Begabungen und Lateinkursen – 100 Prozent hätte erreichen sollen. Es verbringt sein Leben unweigerlich in hoffnungsloser Langeweile, ist für alle Jobs überqualifiziert und arbeitet oft in Firmen, die von durchschnittlichen Kindern gegründet wurden.

Wie können Sie die Zukunft eines durchschnittlichen Kindes gegen Wirtschaftskrisen absichern?

- **Teamsport:** Wecken Sie sein Interesse an einer Teamsportart – das ist wichtig. Eishockey, nicht Eiskunstlauf. Wasserball, nicht Tauchen. Fußball, nicht Leichtathletik. Die Sportmannschaft ist ein psychologisches Labor, in dem Ihr durchschnittliches Kind lernen kann, seine zukünftigen Mitarbeiter herumzukommandieren. (Hinweis: In Kapitel 12, »Sportvereine sind etwas Tolles für Kinder, aber eine Zumutung für Eltern«, werden wir das Gegenteil behaupten.)

- **Gitarrenunterricht**: Hey, irgendjemand muss schließlich in der Band die Rhythmusgitarre spielen, oder nicht? Um es am Beispiel von Van Halen zu erklären: Ihr durchschnittliches Kind wird nie ein Eddie sein, könnte es aber mit Sicherheit zu einem Michael Anthony bringen.

Natürlich sind viele begabte Kinder glücklich, haben gute Jobs und verdienen viel Geld. Seien Sie kein Spielverderber. Wir versuchen hier nur die Mütter durchschnittlicher Kinder aufzumuntern.

 Denken Sie daran:
Durchschnittliche Kinder, die richtig viel Geld haben, sind diejenigen, die uns wirklich Sorgen bereiten müssen.

Ist Ihr Kind »langsam« oder einfach nur ein Junge?

Mütter von Jungs trifft normalerweise der Schlag, wenn sie ein Mädchen sehen, das im selben Alter wie ihr Sohn ist. Vierjährige Mädchen sprechen. Nicht mit Kehllauten, Zungenschnalzen und Furzgeräuschen, sondern mit Sprache. Mädchen verwenden Wörter, bilden Sätze und verstehen Metaphern. Wenn Sie Ihrem Sohn zuhören, nachdem Sie einige Zeit mit einem Mädchen verbracht haben, fragen Sie sich, wann aus ihm Jodie Foster in *Nell* wurde.

Keine Panik. Ihr Sohn könnte ziemlich begabt sein – nur eben nicht im Vergleich zu einem durchschnittlichen Mädchen. Sprachliche Unterschiede zwischen Jungen und Mädchen gleichen sich aus, wenn die Jungs Mitte vierzig sind (oder früher, wenn sie eine Therapie gemacht haben).

Teil 3:

Man darf es sich ruhig auch mal einfach machen

8

Die Zehn-Sekunden-Regel
oder
Der Schnuller auf dem Boden

Bäh. Das ist eine dieser mütterlichen Aufgaben, die nur dazu dienen, den äußeren Schein zu wahren. Unsere Straßen sind nicht mit Milzbranderregern und Kokain bedeckt. Ihr Baby wird es verkraften, wenn Sie den Schnuller von der Straße aufheben und ihn direkt wieder in Babys Mund stecken. Vielleicht wird dadurch ja sogar sein Immunsystem gestärkt. Auch wenn einem niemand ausdrücklich dazu rät, den Bürgersteig abzulecken, ist noch niemand daran gestorben.

Aber wer hat schon die Zeit, diese Dinge fremden Leuten zu erklären? Wenn der Schnuller das nächste Mal herunterfällt, führen Sie die folgenden zwei Schritte aus: Schauen Sie sich um. Hat jemand gesehen, dass der Schnuller heruntergefallen ist?

- **Falls nein**: Wischen Sie den Schnuller an Ihrer Bluse ab und stecken Sie ihn dem Baby wieder in den Mund.
- **Falls ja:** Mist. Es gibt eine Zeugin, die den Vorgang vielleicht gerade mit ihrem Smartphone filmt, um ihn dann auf YouTube zu stellen und mit dem Suchbegriff »Rabenmutter« zu verknüpfen. Nun, sie hat Pech gehabt, denn Sie waren aufmerksam, und es wird niemandem gelingen, Sie als schlechte Mutter zu filmen. Sie müssen lediglich dem ersten Schritt einen zweiten folgen lassen. Nachdem Sie den Schnuller an Ihrer Bluse abgewischt haben, nehmen Sie ihn selbst in den

Mund. Stecken Sie's weg wie ein guter Soldat. Und anschließend schieben Sie das Ding wieder in Babys Mund. YouTube-Katastrophe abgewendet.

 Denken Sie daran:
Wenn Sie die Art von Mutter sind, die immer einen Ersatzschnuller dabei hat, ist das hier nicht das richtige Buch für Sie. Sorry.

9

Wie man es schafft,
jeden Sonntag auszuschlafen

Die anderen Mütter halten Sie für nachlässig und faul. Die anderen schnallen sonntagmorgens ihre Brut im Minivan an und kutschieren sie zu einem Fußballspiel vier Ortschaften weiter. Die anderen sehen im Vorbeifahren Ihr Auto demonstrativ in der Einfahrt stehen. Durch Ihr Fenster sehen sie Ihr Kind auf dem Boden sitzen und auf Ihrem Riesenfernseher gebannt *Findet Nemo* schauen. Weit und breit keine mutterähnliche Person in Sicht. Den anderen Müttern kommt es fast so vor, als ob Sie noch schlafen würden, und ziehen missbilligend die Augenbrauen hoch.

Ärgern Sie sich nicht darüber und verteidigen Sie sich nicht – die anderen interessiert es überhaupt nicht, warum Sie müde sind. Sie könnten eine alleinerziehende Mutter, eine alte Mutter, eine anämische Mutter, eine Mutter mit zwei Jobs oder eine alkoholabhängige, noch nicht völlig abgestürzte Mutter sein. Egal. Wichtig ist etwas anderes: Sie haben irgendwann begriffen, dass Sie sterben werden, wenn Sie nicht etwas mehr Schlaf bekommen. Ihr Kind ist jetzt vier Jahre alt. In China arbeiten Vierjährige. Ihres kann sich doch sicher ein paar Stunden allein beschäftigen, während Sie noch schlafen.

STELLEN SIE AM ABEND VORHER DAS FRÜHSTÜCK BEREIT

Freitag- und Samstagabende sollten wie Weihnachten sein. Statt einen Teller mit Plätzchen für den Weihnachtsmann vorzubereiten, stellen Sie einen Teller mit etwas Frühstücksartigem für die Kinder bereit. Etwas, das zwischen Ihrer Zubettgehzeit und der Aufstehzeit Ihrer Kinder nicht schlecht wird. (Sie können auch alles in einer kleinen Kühlbox bereitstellen. Binden Sie eine Schleife drum, dann sieht es wie ein Geschenk aus.)

- **Ganze Äpfel**: Nicht schneiden, sonst werden sie braun.
- **Käsewürfel**: In einem Frischhaltebeutel.
- **Saft in Bechern mit Deckeln**: Zwei pro Kind.
- **Nutellabrötchen**: Oder was immer Sie als Ersatz für Nutella verwenden.
- **Kekse**: Ihre Kinder werden das Prinzip bald verstehen: Mama + Schlaf = Kekse + Zeichentrickfilme. (Das gesunde Frühstück können Sie für die Werktage aufsparen.)

SORGEN SIE FÜR UNTERHALTUNG

Die hier empfohlene Energieverschwendung ist natürlich skandalös. Egal. Ihr Schlaf ist wichtiger.

Wir gehen davon aus, dass Ihr Kind die Play-Taste an der Fernbedienung drücken kann. Lassen Sie den Fernseher über Nacht an (sorry, zukünftige Generationen). Halten Sie den DVD-Player beim ersten Bild eines 90-minütigen Films wie *Coco, der neugierige Affe* an. Lassen Sie die Fernbedienung gut sichtbar herumliegen. Auf dem Weg zu Ihrem Schlafzimmer wird Ihr Kind um 6.30 Uhr den Mann mit dem gelben Hut auf dem Bildschirm und den großen roten Knopf an der Fernbedienung sehen und Sie völlig vergessen.

Wenn Sie keinen DVD-Player haben, lassen Sie die ganze Nacht den Kinderkanal an.

WENN IHRE KINDER SIE AUFZUWECKEN VERSUCHEN, MÜSSEN SIE SICH SCHLAFEND STELLEN

Vielleicht schleichen sie sich in Ihr Schlafzimmer und flüstern miteinander. Sie dürfen sie unter keinen Umständen ansehen, ihre Anwesenheit mit einem feinen Lächeln quittieren oder sich gar bewegen. Vielleicht gehen sie wieder. Aber wenn sie auch nur das Weiße in Ihrem Auge sehen, betrachten sie Sie als wach und als williges Opfer. Das kann bedeuten, dass Sie in einen Becher pinkeln müssen, damit sie Sie nicht zum Badezimmer schlurfen hören. Halten Sie immer einen großen Becher unter dem Bett bereit.

»LASS MAMA WEITERSCHLAFEN« GEHÖRT NICHT ZUM VOKABULAR IHRER KINDER

Wenn Sie einer einzigen Forderung nachgeben (zum Beispiel Frühstück machen), können Sie ebenso gut aufbleiben, denn dann sind Sie geliefert. Kinder lassen Sie nicht weiterschlafen. Wie eine Terrorzelle aus den Siebziger Jahren werden sie immer größere und unvernünftigere Forderungen stellen. Statt einen Koffer voller nicht markierter Scheine und ein Flugticket nach Algerien werden sie mehr Toast, Kekse, Milch und schließlich ein Schloss und ein Pferdchen verlangen. Wenn Sie sie darauf hinweisen, dass die beiden letzten Forderungen unerfüllbar sind, versprechen sie, alle Geiseln freizulassen, wenn Sie aufwachen und mit ihnen spielen.

Ihre Schlafzeit ist vorbei.

WAS FÜR DEN EINEN »FAULHEIT« IST,
IST FÜR DIE RABENMUTTER »FEHLENDE STRUKTUR«

Es ist nicht leicht – denn Sie werden fast keine Unterstützung bekommen. Aber so geht es allen echten Revolutionären manchmal. Und Ihre Aktivitätsverweigerung ist eine Revolte. Kein Basteln, keine Spiele, kein gesundes Frühstück. Das ist aktiver Widerstand. Sie sind eine Freiheitskämpferin im Schlafanzug. An den Werktagen leben Sie wie eine gute Deutsche, aber an den Wochenenden wie Gott in Frankreich.

 Denken Sie daran:
Die Rabenmutter-Ausschlafformel:
Mama + Schlaf = Kekse + Zeichentrickfilme.

10

Wenn man nur ein Kind hat,
reicht ein halbes Dorf

Manche Leute nehmen es einem übel, wenn man sich mit einem Kind begnügt. Sie halten es für egoistisch, seinem Kind kein Geschwisterchen zu schenken, und prophezeien, dass es verzogen und im Umgang mit anderen Menschen unbeholfen werden wird.

Diese Leute bezeichnet man im Allgemeinen als Großeltern. Nehmen Sie sich vor ihnen in Acht! Sie sind ein rachsüchtiger Menschenschlag, der schadenfroh beobachtet, wie ihr Enkel Ihnen denselben Schmerz zufügt, den Sie ihnen zugefügt haben. Und sie wollen mehr davon sehen.

Die andere Sorte Zweitkindbefürworter sind Freunde, die gerade ein zweites Kind bekommen haben. Sie wünschen sich verzweifelt noch jemanden, der an ihrem Zwei-Kinder-Tisch sitzt, und beneiden Sie darum, dass Sie Ihr Leben bisher nur zur Hälfte ruiniert haben.

Sie wollen, dass Sie die Überreste Ihres Lebens ebenfalls mit einem zweiten Kind plattmachen. Und sie schrecken nicht vor Lügen zurück.

»Die Kinder spielen miteinander!«

Ach ja? Für mich sieht das eher nach Streiten aus.

»Wir wollen ein Drittes!«

Nein, wollen sie nicht. Der Mann hat sich sterilisieren lassen. Und das zweite Kind war schon ein Unfall.

»Wir fühlen uns endlich wie eine richtige Familie!«

Na, vielen Dank auch.

Fallen Sie nicht darauf herein.

EIN KIND IST MACHBAR

Einem Kind kann man nachlaufen, es überwältigen und zum Gehorsam zwingen. Ein Kind kann man bei einem Verwandten abladen, mit ins Kino nehmen oder im Büro unter dem Schreibtisch verstecken. Ein Kind spielt still für sich allein. Mit einem Kind (und abgeschlossener Wohnungstür) kann man am Wochenende einen Mittagsschlaf halten. Wenn man morgens nur ein Kind anziehen muss, schafft man es fast überallhin rechtzeitig. Man ist flexibel und mobil.

Mit einem Kind kann man nach Paris fahren. Man wird es nicht tun, aber man könnte.

SIE KÖNNEN ES SICH NICHT LEISTEN

Nur zwei Arten von Menschen haben große Familien: sehr arme und sehr reiche. Die Armen haben nur eingeschränkten Zugang zu Verhütungsmitteln, und die Reichen haben uneingeschränkten Zugang zu künstlicher Befruchtung und Leihmüttern. Wahrscheinlich gehören Sie zu keiner der beiden Gruppen.

DENKEN SIE IN GRÖSSEREN ZUSAMMENHÄNGEN

Sie können Ihre gesamten für Ausbildung vorgesehenen Ersparnisse für ein Kind ausgeben, statt sie auf drei zu verteilen. Und vergessen Sie nicht, dass Sie irgendwann ein alter Mensch sein werden, der Hilfe braucht. Eine dankbare, erfolgreiche Akademikerin wird Sie in einem erstklassigen Altenheim in der Nähe ihres Wohnortes unterbringen. Drei frustrierte Realschulabbrecher werden Sie auf die Straße setzen. Es ist Ihre Entscheidung.

GESCHWISTER SIND EINE LAST

Wie kommt es eigentlich, dass Geschwister einen so guten Ruf haben? Haben alle Leute vergessen, wie schrecklich Brüder und Schwestern sind? Sie haben Ihre Spielsachen versteckt, Ihren Walkman ausgeliehen und nie zurückgegeben, Sie bei Mama verpetzt, nachdem Sie von Papas Bourbon probiert hatten, und Ihre Bluse angezogen, ohne vorher zu fragen. Sogar jetzt noch weisen sie beim Weihnachtsessen darauf hin, dass Sie zum vierten Mal hintereinander ohne männliche Begleitung erscheinen und dass ihr eigenes Kind schon besser spricht als Ihres.

Ach ja, und irgendjemand stellt immer wieder Ihr Foto aus der siebten Klasse auf Facebook. Wer braucht solche Leute?

DAS FALSCHE GESCHWISTERKIND KANN DAS LEBEN IHRES KINDES RUINIEREN

Fragen Sie mal David Dahmer. Das wird nicht klappen, weil er seinen Nachnamen geändert hat und untergetaucht ist, nachdem sein Bruder als kannibalischer Serienkiller verurteilt wurde. So ging es auch Paula Hitler, Adolfs Schwester. Wie schnell doch aus dem »Bruder, der mit mir gespielt hat« der »Irre, der mir noch nie nahestand« wird.

Und was ist im umgekehrten Fall – wenn es beispielsweise eine clevere, begabte Kardashian-Schwester geben würde? Eine aus der Art geschlagene Schwester von Kim, Khloe und Kourtney, die mit einem hohen IQ und Schamgefühl geboren wurde? Eine

Kardashian, die nicht vor laufender Kamera Sex hat und die sich fragt, ob sie mit ihrem Leben etwas Sinnvolles anfangen kann. Eine Kardashian mit der Fähigkeit, Allgepra, Kemie oder Psüchollogie zu verstehen. Stellen Sie sich die schreckliche Einsamkeit eines solchen Geschöpfs vor. Vielleicht existiert diese unglückselige Kardashian und hat wie Paula Hitler oder David Dahmer erkannt, dass ihrem Nachnamen ein nicht wiedergutzumachender Schaden zugefügt wurde, und ihn geändert. Vielleicht lebt sie unter uns. Eine gepilldete Frau, die das anonyme Leben in der Kroßstadt genihsst.

NICHT ÜBERMÜTIG WERDEN.

Es ist in Ordnung aufzuhören, wenn es gut läuft. Nur weil Sie ein Kind gut hingekriegt haben, heißt das nicht, dass das nächste der Mühe wert sein wird. Sie sind nichts Besonderes, nur weil Sie ein tolles Kind haben. Sie hatten einfach nur Glück. Stellen Sie sich vor, die Baldwins hätten nach Alec oder die Sheens nach Emilio aufgehört ...

 Denken Sie daran:
Ein Kind ist mit dem Handgepäck im Flugzeug vergleichbar (tragbar und leicht zu verstauen). Zwei oder mehr sind wie Gepäckstücke, die eingecheckt werden müssen (teuer, können verloren gehen ...).

11

Wie man sein Baby im Auto lässt, während man schnell etwas einkauft

Manche Handlungen sollten nicht illegal sein. Zum Beispiel Marihuanarauchen, Sex für Geld und Mord an einem Ex, der keinen Unterhalt zahlt, um nur drei zu nennen. Sein Baby im Auto zu lassen, während man an der Tankstelle bezahlt, ist zwar nicht im engeren Sinne illegal, aber es fühlt sich ein bisschen so an. Zumindest erntet man damit Missbilligung. Das sollte nicht so sein.

Halten wir einen Moment inne und denken an die armen Eltern, die ihre Babys im Auto vergessen hatten und bei ihrer Rückkehr zehn Stunden später feststellen mussten, dass das Schlimmste passiert war. Das ist wirklich furchtbar und verdient unser ganzes Mitgefühl. Aber das Wichtigste ist: Sie können nichts dafür. Das eigentliche Problem liegt darin, dass Babys nicht wissen, wann es wirklich angebracht ist zu schreien. Es obliegt ihnen, es zu lernen.

Wie kann es sein, dass Babys eine ganze Nacht lang brüllen, wenn sie sauber, sicher und satt zu Hause im Bett liegen, aber keinen Mucks von sich geben, wenn man sie im heißen Auto zurücklässt? Haben sie denn gar keinen Lebenswillen? Warum wurde im Laufe der Evolution nicht ein »Ich bin auf dem Rücksitz!«-Schrei fest in die Baby-DNA einprogrammiert? Das ist eine Fehlentwicklung, die Darwins Glaubwürdigkeit völlig untergräbt.

Außerdem vergessen Eltern ihre Babys nur, weil sie sich

aufgrund nächtlicher Fütterungen besagter Babys in einer Art Dauer-Dämmerzustand befinden. Seien wir doch mal ehrlich: Babys handeln gegen ihre eigenen Interessen und sind – wie manche FDP-Politiker – oft sich selbst die schlimmsten Feinde.

Leider hindert die Angst vor weiteren Tragödien viele Mütter daran, die praktische Gewohnheit anzunehmen, ihr Baby zwei verdammte Minuten im Auto zu lassen.

WESHALB ES IN ORDNUNG IST

Um es in Abwandlung eines Zitats von Thomas Hobbes zu formulieren: Mit einem Baby Besorgungen zu erledigen, ist scheußlich, unmenschlich und langwierig. Die kleinsten Aktivitäten dauern ewig. Jedes Mal, wenn man aus dem Auto steigt, muss man eine der hinteren Türen öffnen, einen Fünf-Punkt-Gurt lösen, der selbst den Erfinder des Zauberwürfels in den Wahnsinn treiben würde, und das Baby herausheben. Wahrscheinlich muss man es dazu sogar aufwecken. (Das ist das wahre Verbrechen.) Dann setzt man das gerade aufgewachte, quengelige Baby in ein Tragetuch oder einen Buggy.

Den Buggy muss man dazu aus dem Kofferraum holen und aufklappen. Eines der Metallscharniere klemmt immer. Die Hippiecousine des Buggys, das Tragetuch, ist kompliziert zu falten und zu knoten. Falls es Ihnen irgendwann gelungen ist, Ihr Baby damit an Ihrem Körper zu sichern, freuen Sie sich nicht zu früh darüber. Denn Sie werden es nicht schaffen, diesen Ablauf ein zweites Mal zu wiederholen. Es wird jedes Mal wieder so frustrierend wie beim ersten Mal sein.

Wenn Sie die Lebensmitteleinkäufe erledigt haben, müssen Sie den Buggy wieder zusammenfalten, das Tragetuch aufknoten und das Baby im Kindersitz anschnallen. Jetzt ist es Zeit, zur Post zu fahren. Und da beginnt das Ganze wieder von vorn.

Nutzen Sie jede Gelegenheit, diesen Stumpfsinn zu verkürzen. Schon zwei Minuten Bequemlichkeit fühlen sich wie eine Begnadigung an. Sie sind ohnehin dauerhaft an dieses Baby gefesselt. Da muss es doch erlaubt sein, mal in einen Coffeeshop zu spurten, einen Kaffee runterzuschütten und wieder zurückzuspurten. Dadurch sparen Sie Zeit und fühlen sich für ein paar Augenblicke wieder unbeschwert. Beides ist unbezahlbar. Und so stellt man es an:

VERSTECKEN SIE DAS BABY – NICHT VOR RAUBTIEREN, SONDERN VOR GUTMENSCHEN

Es gibt tatsächlich mehr Gutmenschen als Pädophile. Sie müssten eigentlich in einem eigenen Register erfasst werden. Wenn Sie in eine neue Wohngegend ziehen, müsste Ihnen die Polizei sagen, wie viele Leute in der Nachbarschaft schon unnötigerweise den Kinderschutzbund alarmiert haben. Glücklicherweise wird mindestens ein Drittel der Leute, die vor Fast-Food-Läden und Bäckereicafés herumlungern, wegen irgendeiner Gaunerei gesucht und ist ebenso wenig wie Sie daran interessiert, dass die Bullen aufkreuzen.

WERFEN SIE EINE DECKE ÜBER DAS BABY

Michael Jackson hat das ständig getan. (Das ist übrigens das einzige Verhalten im Umgang mit Kindern, das wir uns bei ihm abgeschaut haben.) Das Baby sieht dann wie ein Haufen Schmutzwäsche aus.

LASSEN SIE DEN ZÜNDSCHLÜSSEL NICHT STECKEN

Und zwar auch, wenn Sie auf dem Land leben und nichts zu befürchten haben! Ein steckender Zündschlüssel lädt Autodiebe geradezu ein. Seien Sie nicht so egoistisch und denken Sie auch mal an den armen Straftäter. Ihm geht es nur um einen fahrbaren Untersatz. Er will Ihr Baby nicht. Er kann nicht einmal für seine eigenen Babys zahlen – darum stiehlt er ja Ihr Auto. Er hat diesen Coffeeshop wegen eines warmen Getränks und eines fremden Autos aufgesucht, und jetzt hat er sich plötzlich einer Kindesentführung schuldig gemacht. Das kann eine saftige Strafe nach sich ziehen. Und das will doch niemand.

 Denken Sie daran:
Sie gehen in einen Supermarkt, nicht zur Recherche von Sekundärliteratur in die Staatsbibliothek. Es dauert maximal drei Minuten.

Wecke keine schlafenden Babys

Das ist einer der ältesten Erziehungsgrundsätze, der eigentlich nicht nur auf Babys angewendet werden sollte. Genau genommen sind doch Menschen aller Altersgruppen nur im Schlaf tolerierbar. In diesem Zustand stellen sie keine Forderungen, kritisieren einen nicht und setzen ihre blöden Ideen nicht in die Tat um. Selbst Pol Pot, der Menschen dafür hinrichten ließ, dass sie eine Brille trugen, hat im Schlaf nicht wie ein Diktator ausgesehen, sondern wahrscheinlich wie ein süßes Baby.

Beim Autofahren schläft Ihr Baby ein. Beim Herausnehmen aus dem Auto wacht es auf. Das ist das Einzige, was Sie der Polizei bei Ihrer Verhaftung sagen werden. Ein Baby, das aufgeweckt wurde, spricht für sich selbst, und wenn Ihr Anwalt mithilfe dieses Arguments nicht erreichen kann, dass die Anklage wegen Kindesvernachlässigung fallengelassen wird, sollte man ihm seine Zulassung entziehen.

12

Sportvereine sind etwas Tolles für Kinder, aber eine Zumutung für Eltern

Vereinssport ist – wie Keuchhusten – extrem ansteckend. Sie können Ihren Zweijährigen dagegen impfen, indem Sie ihn nicht bei den Fußball-Minis anmelden. Sind wir uns darin einig, dass Ihr Zweijähriger beim »Fußballtraining« einfach ein auf einem Rasen herumlaufender Zweijähriger ist? Gut. Dann sind wir uns wohl auch darin einig, dass sich dasselbe erreichen lässt, wenn man sich mit dem Zweijährigen – wann und wo immer es einem gerade in den Kram passt – auf ein beliebiges Stück Rasen begibt.

Leider werden Ihre Kinder irgendwann mit anderen Kindern in Kontakt kommen, die schwimmen, laufen oder Hand-/Fuß-/Volley-/Basketball spielen. Und sie werden demselben Verein beitreten wollen. Das heißt für Sie: Trikots. Ausrüstung. Frühe Morgenstunden. Andere Eltern. Verdammter Mist.

Die bittere Wahrheit ist: Ganz werden Sie um außerschulische Aktivitäten nicht herumkommen. Denken Sie immer daran, dass Sie nicht einfach nur ein Kind aufziehen, sondern einen Menschen, der eines Tages vielleicht die Vollmacht über Ihre Finanzen haben wird. Dieser Mensch sollte ein paar angenehme Erinnerungen an seine Kindheit haben.

Aber nehmen Sie sich vor Sportvereinen in Acht. Die verantwortlichen Gremien werden Ihr Kind mit farbigen Abzeichen und glänzenden Trophäen verführen. Ihre Tochter wird im Handumdrehen völlig besessen davon sein. Daraus können sich nur drei mögliche Szenarien entwickeln, die alle gleichermaßen schrecklich sind.

IHR KIND IST KEIN BEGABTER SPORTLER

Es fühlt sich beschissen an, ein Loser zu sein, und Ihr Kind wird irgendwann aufhören wollen. An diesem Punkt müssen Sie entscheiden, welchen Kalenderspruch Sie anbringen wollen: das unerbittliche »Leute, die aufgeben, gewinnen niemals, und Gewinner geben niemals auf« oder das leichter anzuwendende »Mach deinen Niederlagen ein Ende«. Versuchen Sie Ihre Begeisterung darüber zu verbergen, dass Sie bald nicht mehr mit Ihrem Kind sonntagmorgens um acht irgendwo auflaufen müssen.

IHR KIND IST EIN MITTELMÄSSIGER SPORTLER

Es wird oft genug Dritter, um den ersten Platz für erreichbar zu halten. Wenn es bis in die Teenagerjahre bei der Stange bleibt, haben Sie denselben zeitlichen und finanziellen Aufwand wie die Mutter eines Olympioniken, aber ohne das Stipendium und die zukünftigen Werbeverträge, die die ganze Sache lohnenswert machen. Auf jede »Mutter von Michael Phelps« kommen einhundert »Ich saß zehn Jahre lang neben Michael Phelps' Mutter auf der Tribüne«-Mütter.

IHR KIND IST EIN AUSNAHMESPORTLER

Noch schlimmer ist es, wenn Ihr Kind wirklich talentiert ist. Das ist das Ende aller gemeinsamen Mahlzeiten und Sommerurlaube. Sie brauchen nur bei einem Training beiläufig zu erwähnen, dass Sie über Pfingsten mit der Familie wegfahren wollen. Zwei Stunden später steht der aufgebrachte Schwimmtrainer vor Ihrer

Haustür. An Pfingsten finden die Schwimmmeisterschaften statt, und Ihre Tochter ist die Schlussschwimmerin der Lagenstaffel.

Wenn Ihr Kind erst einmal die weiterführende Schule besucht, verhindert ein zeitintensiver Sport, dass es eine normale Jugend hat. Drei bis vier Stunden Training pro Tag bedeuten, dass es klassische Erfahrungen wie einen Ferienjob bei McDonald's, Kiffen vor Beginn der Schicht bei McDonald's und Gefeuertwerden wegen Arbeitens unter Drogeneinfluss nicht machen kann.

SPORTLICHE HÖCHSTLEISTUNGEN DURCH SEELISCHE GRAUSAMKEIT

In dem halb autobiographischen Fernsehfilm *Der Sieg seines Lebens* von Michael Landon (»Little Joe« aus *Bonanza*) wurde ein Teenager, der chronischer Bettnässer war, von seiner Mutter dadurch vorgeführt, dass sie seine fleckigen Bettlaken vor dem Fenster aufhängte. Jeden Tag rannte er von der Schule nach Hause, um die Laken herunterzureißen, bevor seine Freunde sie sehen konnten. Schließlich führte dieses tägliche Training dazu, dass er ein erfolgreicher Läufer wurde und eine olympische Goldmedaille gewann.

Ob diese Geschichte wahr ist? Nein. Aber dass sie Fiktion ist, heißt nicht, dass man sich in unserer Ära der Überbehütung nicht nach der Zeit zurücksehnen kann, als grausame Erziehungsmaßnahmen noch zu sportlichen Höchstleistungen führten.

 Denken Sie daran:
Manche Mütter bringen Athleten hervor – Rabenmütter bringen Fans hervor. Schließlich muss sich irgendjemand bei der Fußball-WM vor dem Fernseher die Seele aus dem Leib brüllen.

13

Wie man seine Kinder ohne die leiseste Gefühlsregung für ein Wochenende/eine Woche/ einen Monat/für immer bei Oma abgibt

Eigentlich sollte Ihnen die Entscheidung leichtfallen. Ihr Baby fordert Sie bis zur völligen Erschöpfung, und Ihre Mutter oder Schwiegermutter will helfen. Sie hat angeboten, sich so lange wie nötig um Ihr Baby zu kümmern. Einen Abend. Ein Wochenende. »Sag einfach Bescheid, Schatz!« Sie könnten ausschlafen, ungestört duschen, abends ausgehen. Und doch bringen Sie es nicht über sich.

Sie haben so viel dafür getan, dieses Baby zu bekommen. Sie haben mehrere Fehlgeburten durchgestanden oder sich fünfmal künstlich befruchten lassen, bis sich die Eizelle endlich eingenistet hat. Oder Sie sind nach Rumänien geflogen und haben ein Kind adoptiert. Oder Sie haben die Hoffnung auf künstliche Befruchtung aufgegeben, beschlossen zu adoptieren, ein Ticket nach Rumänien gekauft, und sind dann auf natürlichem Weg schwanger geworden. Und jetzt ist das Baby endlich da und gehört Ihnen allein. Sie fühlen sich verpflichtet, möglichst jeden Augenblick mit ihm zu verbringen.

Sie wissen es noch nicht, aber Sie haben den Verstand verloren.

BABYS SIND DAFÜR KONZIPIERT, AN FREMDE ABGEGEBEN ZU WERDEN

Babys sind pausbäckig, süß und hilflos. Und das ist genau deshalb so, damit sie einem hin und wieder von anderen Leuten abgenommen werden. Aber das ist Ihnen nicht bewusst. Wie der Messie, der nicht mehr sieht, dass seine Wohnung voller Mäuse ist, brauchen Sie eine Reality-Show, um Ihr Baby loszulassen. Geben Sie es der Oma und lassen Sie sich ein luxuriöses Bad einlaufen.

SIE SIND NICHT IN BESTFORM

Du lieber Gott, schauen Sie doch mal in den Spiegel. Oder noch besser: Leihen Sie *Sweeney Todd* aus und schauen Sie sich Helena Bonham Carter an. Denn das sind Sie. Verfilzte Haare, irrer Blick, fragwürdige Vorlieben beim Essen. Und jetzt denken Sie an Ihr armes Baby. Es starrt Sie den ganzen Tag an und fragt sich, ob es als Erwachsene genauso aussehen wird. Kein Wunder, dass es schreit.

Ihr Baby muss unbedingt einmal erleben, wie sich ausgeruhte Erwachsene benehmen. Wenn es nur Sie als Maßstab hat, denkt es, es sei normal, »Ich kann nicht mehr!«-brüllend aus dem Haus zu stürmen und im Auto Käse zu futtern.

Das Wissen, dass Sie nicht die einzige Art von Mensch auf Erden sind, gibt Ihrem Baby einen Hoffnungsschimmer.

ÄLTERE MENSCHEN HABEN ETWAS ZU GEBEN

Großeltern besitzen eine besondere Art von Weisheit, die davon herrührt, dass sie dem Tod nahe sind. Sie blicken zurück auf Kriege, billigen Kaffee und Ihre »Arschlochphase«, die mit vierzehn begann und noch nicht ganz zu Ende gegangen ist. Ihre Mutter brennt darauf, ihr Wissen mit jemandem zu teilen. Und seit dem

Tag, als Sie aufgehört haben, ihr zuzuhören, weil sie Ihnen geraten hat, ein paar Kilo abzunehmen, ist Ihr Baby alles, was ihr geblieben ist. Und nachdem sie von Ihnen enttäuscht wurde, hat sie ihre Erwartungen heruntergeschraubt. Was immer sie Ihnen angetan hat, wird durch den Lauf der Zeit und die Arthritis erheblich abgemildert.

ENKEL SIND EINE ZWEITE CHANCE

Leider kann Ihre Mutter nicht in die Vergangenheit zurückreisen und darauf verzichten, Sie auf Ihre Fettrollen aufmerksam zu machen, wenn Sie einen Bikini anprobieren. Das steht (wie ihre Einschätzung, dass Ihre Schwester »die Begabte« ist) für immer in den Büchern. Aber Ihr Baby ist eine weiße Leinwand – eine Miniaturausgabe von Ihnen, ohne den Groll und die Erinnerungen.

 Denken Sie daran:

Sie sehen furchtbar aus. Schlafen Sie sich aus und waschen Sie sich die Haare.

Dinge, die Sie tun können, während Sie allein sind

Okay, das Baby ist weg. Sie haben vier Tage. Vielleicht glauben Sie, auf eine Schönheitsfarm gehen oder viel Geld ausgeben zu müssen. Na ja, das ist natürlich eine Möglichkeit. Aber für einen dieser Tage empfehlen wir Ihnen Folgendes: Leben Sie genauso wie immer, nur ohne das Baby und/oder die Kinder.

Sie wissen ja gar nicht, wie sehr Ihre Kinder Ihr Leben verändert haben, solange Sie nicht – ganz allein – eine Liste zu erledigender Dinge abgearbeitet haben:

Duschen Sie

Ausgiebig und bei geschlossener Badezimmertür. Ach, schauen Sie mal: In der Flasche ist noch Shampoo, weil Ihr Kind nicht alles auf einmal ausgeleert hat, um einen Schaumberg zu bauen.

Gehen Sie Lebensmittel einkaufen

Ist es nicht erstaunlich, wie schnell Sie alles kaufen können, was Sie brauchen, wenn Sie nicht Ihren Fünfjährigen ermahnen müssen, nicht die Äpfel abzulecken, oder Ihren Siebenjährigen bitten müssen, seinen kleinen Bruder zu suchen, den Sie zuletzt am Müsliregal haben vorbeirennen sehen? Nehmen Sie sich die Zeit, unbekannte Käsesorten, Biogewürze und neue Obstzüchtungen in Augenschein zu nehmen. Sehen Sie, wie schnell Sie sich von der abgekämpften Mutter zum anspruchsvollen Gourmet wandeln können? Lafer ruft!

Gehen Sie in den Park

Denselben, in den Sie sonst immer mit Ihrem Kind gehen. Aber jetzt können Sie die merkwürdige Dame auf der Bank sein, die liest, ohne jede Minute aufzusehen und den Sandkasten zu checken. Sehen Sie die Mütter in den unmodernen, aber figurfreundlichen Jeans, Turnschuhen und Sweatshirts? An den meisten Tagen sehen Sie auch so aus. Wie ernüchternd.

Gehen Sie im Erwachsenentempo nach Hause, ohne eine müde Dreijährige auf dem einen Arm zu tragen und mit dem anderen ihr Dreirad zu schieben. So leicht, so unbeschwert. Das muss der Grund sein, warum Leute gern spazieren gehen.

Machen Sie sich etwas zu essen

Setzen Sie sich an Ihren gewohnten Platz und essen Sie die gesamte Mahlzeit ganz allein. Wie fühlt es sich an, die besten Bissen für sich zu behalten? Nichts abzugeben? Nicht darauf zu drängen, dass das Gemüse gegessen wird? Keine Drohungen auszusprechen, die Sie aus Mangel an Energie doch nicht in die Tat umsetzen können? Einfach kauen und schlucken. Entspannen.

Jetzt sind Sie bereit, die wilde Singlefrau herauszulassen, die Sie im Herzen sind, und die nächsten sechs Stunden Party zu machen: Ziehen Sie die Kindersicherungen aus der Steckdose. Das dürfen Sie – es ist niemand zu Hause, der einen nassen Finger reinstecken will. Gehen Sie in die Küche, nehmen Sie das große Messer aus der Schublade … und lassen Sie es auf der Arbeitsplatte liegen … in Reichweite von Kindern … dicht neben dem säurehaltigen Putzmittel, das Sie nicht auf das hohe Regal gestellt haben.

Zum Teufel, ja! Sie böses Mädchen, Sie haben es immer noch drauf!

14

Wie man bei der Kinderausstattung spart (indem man sich bei seinen egoistischen Freundinnen bedient)

Die drei besten Möglichkeiten, als frischgebackene Mutter Geld zu verschwenden, bestehen darin, Babykleidung, Kindermöbel und Spielzeug zu kaufen.

KLEIDUNG

Geben Sie es zu – die Outfits sind für Sie, nicht für das Baby. Wir verurteilen das nicht. Babys farblich abgestimmt zu kleiden, verschafft einem eine unerklärliche Befriedigung. Sie sehen darin einfach süß aus. Aber mit Babys ist es wie mit alten Männern: Es ist ihnen völlig schnuppe, ob ihre Klamotten zusammenpassen.

MÖBEL

Also bitte. Wen wollen Sie denn mit den teuren Kinderzimmermöbeln beeindrucken? Ihre Single-Freundinnen können ein neues Kinderbett nicht von einem großen Versandkarton unterscheiden, und Ihre Mütter-Freundinnen loben höflich Ihren guten Geschmack, während sie Sie in Wahrheit für eine reiche Spinnerin halten.

Lassen Sie sich nicht von der Werbung täuschen, in der eine verzückte Mutter zu sehen ist, die ihr Neugeborenes in einem geschmackvoll eingerichteten Kinderzimmer stillt und sich dabei sanft in einem Mahagoni-Schaukelstuhl wiegt. Das wird genau zweimal passieren. Danach wird die Operation Stillen ins Wohnzimmer verlegt, oder wo auch immer in Ihrer Wohnung der Flachbildschirm und die bequeme Couch stehen.

SPIELZEUG

Sie können nicht vorhersehen, womit Ihr Kind spielen wird. Vielleicht bleibt das Bauernhofpuzzle unbeachtet, während Ihre Kinder zwei Wochen lang Gummibänder schnalzen lassen.

Sie müssen sich diesen ganzen Mist aus zweiter Hand besorgen. Früher waren Mütter mit getragenen Kindersachen großzügig. Aber heute denkt – dank Hormonbehandlungen und gewisser Promis – jede, dass sie mit 45 noch Zwillinge bekommen kann. Frauen kurz vor den Wechseljahren klammern sich an die Kindersachen – für alle Fälle.

Was tun Sie also, wenn Sie eine Lokomotive oder eine Puppe oder eine Jacke sehen, die das Kind Ihrer Freundin nicht mehr benutzt?

- **Nehmen Sie sie einfach mit:** Wenn Ihre Freundin wie 99 Prozent aller Mütter ist, wird sie nicht einmal merken, dass sie fehlt. Falls sie es doch merkt, denkt sie wahrscheinlich, dass sie irgendwo in der Garage ist oder dass ihr Mann sie verloren hat. Natürlich kann Ihr Kind sie nicht in Gegenwart Ihrer Freundin tragen beziehungsweise damit spielen. Darum müssen Sie eine gut organisierte Diebin sein und Ihre Beute in einer Excel-Tabelle verwalten. Und selbstverständlich gilt das nur für Dinge, aus denen die Kinder Ihrer Freundin (nach Ihrer Einschätzung) herausgewachsen sind. Sie können sie ja später (wenn Ihr Kind sie nicht mehr braucht) wieder in die Wohnung Ihrer Freundin zurückschmuggeln.
- **»Leihen« Sie sie aus:** Das ist dasselbe wie Nehmen, bis auf die Tatsache, dass Sie es mit dem Einverständnis Ihrer Freun-

din tun. Sie wissen beide, dass Sie das Playmobil-Bahnhofs-
gebäude nicht zurückgeben werden. Wahrscheinlich werden
Sie es sogar einer anderen Freundin leihen, die es ihrerseits
weiterverleiht, und so weiter, bis es auseinanderfällt. Am Ende
wird die letzte Besitzerin es irgendeiner wohltätigen Organi-
sation spenden.

- **Bitten Sie darum:** Aber nur, wenn Sie nicht den Mumm haben, sich zu nehmen, was Sie brauchen. Wenn Ihre Freundin
nein sagt, ist die Sache gelaufen. Sie haben sich verraten. Sie
hat etwas, das Sie begehren. Sie wird merken, wenn es fehlt, Sie
sofort verdächtigen und nie wieder einladen. Und wie sollen
Sie dann diesen Schleich-Elefanten in die Finger bekommen?

Leider ist höfliches Bitten die einzige Möglichkeit, an Mö-
bel heranzukommen. Es sei denn, Sie sind imstande, einen
Wickeltisch in Ihrer Tasche rauszuschmuggeln. Dann hätten
Sie dieses Buch schreiben sollen.

 Denken Sie daran:
Das Samtkaninchen wurde erst lebendig, nachdem
ein Junge so lange damit gespielt hat, bis es ab-
genutzt war. Sie stehlen nicht; Sie machen Dinge
lebendig.

Wie werde ich den ganzen Müll wieder los?

Ihr Kind hat zu viele Spielsachen. Auch wenn es diese Einschätzung nicht teilt. Vielmehr ist es der Meinung, dass jedes einzelne Spielzeug unverzichtbar ist. Besonders diejenigen, mit denen es im letzten Dreivierteljahr nicht gespielt hat und die es völlig vergessen hatte, bis es Sie dabei ertappt hat, wie Sie sie wegwerfen wollten. Diese Spielsachen sind am allerwichtigsten.

Jetzt müssen Sie die Fähigkeiten anwenden, die Sie beim Füllen Ihrer Spielzeugkiste trainiert haben. Verstecken Sie ein Spielzeug. Wenn Ihr Sohn nicht innerhalb einer Woche danach fragt, hat er es vergessen. Es kann weggeworfen werden. Tun Sie dies einmal pro Woche, bis Sie einen ansehnlichen Vorrat angelegt haben, für den sich die Fahrt zum Diakonieladen lohnt. (Natürlich dürfen Sie die Sachen niemandem geben, mit dem sich Ihr Kind zum Spielen verabreden wird.)

Wenn Sie nach einer Gelegenheit suchen, Ihrem Kind Werte zu vermitteln, sagen Sie ihm, dass es seine Spielsachen armen Kindern spenden kann. Wenn Sie ihm erklären, dass manche kleinen Jungs gar keine Spielzeugautos haben, entdeckt Ihr Sohn vielleicht etwas wie Mitgefühl in sich und teilt seinen vierten Matchbox-BMW gerne mit einem vom Schicksal weniger begünstigten Kind. Oder er gelangt zu der Auffassung, dass Arme Arschlöcher sind, die einem die Sachen wegnehmen. Vorsicht – Sie formen die politischen Überzeugungen einer ganzen Generation.

15

Eine Tradition, die abgeschafft werden muss: handgeschriebene Danksagungen

Es gibt in den ersten Wochen nach der Geburt eines Kindes keine größere Zeitverschwendung als das Schreiben von Dank-Karten. Statt die kurzen Schlafphasen zu genießen, suchen Sie Briefmarken, wählen Karten aus und versuchen, schön zu schreiben. Sie versuchen, die Geschenke den Schenkenden zuzuordnen – und es fehlen nur noch zwei. Eine Freundin hat Ihnen ein Paket Windeln geschenkt, die andere Lillifee-Bettwäsche, und Sie wissen nicht mehr, von wem was war. Das kann nur Ärger geben ...

NEHMEN SIE SICH GAR NICHT ERST VOR, KARTEN ZU SCHREIBEN, UND VERKNEIFEN SIE SICH DIE SCHULDGEFÜHLE

Danken Sie dem Schenkenden beim Auspacken des Geschenks überschwänglich. Sagen Sie ihm, dass Sie sich nicht schriftlich bedanken werden. Das ist Ihr Geschenk an ihn, denn Danksagungen zu bekommen, ist fast so unangenehm, wie sie zu schreiben.

Wie lange soll man eine Danksagung aufbewahren? Eine Woche? Ein Jahr? Bis man das Gefühl hat, dass einem ausreichend gedankt worden ist? Wo bewahrt man sie auf? Im Wohnzimmer? Auf dem Beistelltisch neben der Porzellanfigur, bei deren Anblick sich einem die Zehennägel aufrollen? Oder auf dem Kühlschrank, neben den Magnesiumtabletten? Oder sollte man sie für immer aufbewahren, in der Hoffnung, dass die Absenderin irgendwann einmal in einen Sexskandal verwickelt sein oder *DSDS* gewinnen wird? Man macht sich einfach zu viele Gedanken.

Außerdem ist die Danksagung eine Art Statussymbol. In einer Zeit, in der eine schlichte E-Mail genügen würde, erinnert die Absenderin einer handgeschriebenen Danksagung die Empfängerin daran, dass sie genügend Zeit und ein Kindermädchen hat. Sie bricht am Ende des Tages nicht völlig erschöpft auf dem Sofa zusammen, um sich Wiederholungen von *Friends* anzuschauen und dabei einzuschlafen (ohne sich vorher abgeschminkt zu haben). Handgeschriebene Danksagungen sind die moderne Entsprechung zu blasser Haut und zarten Händen. Diese Tradition muss ein Ende haben.

 Denken Sie daran:
Es fängt bei Ihnen an. Tragen Sie Ihren Teil bei, indem Sie nichts tun.

Die Reise einer Weihnachtskarte
mit einem Foto der Kinder des Absenders

- Sie öffnen eine Karte von Ihrer Freundin Sarah.
- Sie sehen auf der Vorderseite ein (professionelles) Foto von Sarahs Kindern in weihnachtlichem Outfit.
- Ihnen ist klar, dass Sarah ihre Kinder weihnachtlich gekleidet hat, einen Fotografen bezahlt hat, ein Foto ausgewählt hat, die Karte hat drucken lassen, die Karte geschrieben und frankiert hat und alle Karten so rechtzeitig eingeworfen hat, dass sie vor Weihnachten angekommen sind.
- Ihnen wird klar, dass Sie völlig vergessen haben, Weihnachtskarten zu schicken.
- Aber Moment mal, Sie haben doch vor ein paar Jahren ein Foto Ihrer Tochter auf Weihnachtskarten drucken lassen … sind davon nicht noch ein paar in der Garage, von denen Sie eine an Sarah schicken könnten?
- Na ja, Ihre Tochter war damals ein Jahr alt und ist jetzt neun. Aber was soll's?
- Sie stellen Sarahs Karte auf Ihren Kühlschrank.
- Sie stellen zwei Fotos Ihrer Tochter auf den Kühlschrank, sodass die Fotos Ihrer eigenen Familie gegenüber denen von Sarahs Familie 2:1 in der Überzahl sind.
- Sie laden Sarah zum Kaffee ein, damit sie ihre Karte auf Ihrem Kühlschrank sehen kann.
- Sie werfen die Karte weg.

16

Wie man seine Kinder wegen einer Geschäftsreise im Stich lässt

Wenn man Kinder hat, sind Geschäftsreisen das Letzte. Man muss nicht nur seine eigenen Sachen packen, sondern auch die der Kinder. Man muss sich um Babysitter kümmern, Großmütter einfliegen lassen, Telefonnummern notieren, Klamotten waschen und falten, Fahrgemeinschaften organisieren und Essen vorbereiten. Man ist ein Aufseher, der die Gefangenen in der Obhut eines Stellvertreters zurücklässt.

Wenn Sie die Stadt verlassen, muss es einen wichtigen Grund haben.

Während Sie Ihre Abwesenheit zu kompensieren versuchen, sind Sie anfällig für Schuldgefühle. Und Ihre Kinder wissen das. Wahrscheinlich hat es irgendwas mit der Evolution zu tun – Babys tun alles, um ihre Mütter davon abzuhalten, sie schutzlos (dem Angriff eines Wolfs ausgeliefert) zurückzulassen. Aber wir leben nicht mehr in Hütten oder kauern in Höhlen am Feuer. Wir haben Hypotheken, die wir mithilfe von Jobs abzahlen, die gelegentliches Reisen erfordern.

Scheren sich Kinder darum? Nicht die Bohne. Wenn es nach ihnen ginge, würden Sie Ihren Job und das Fitnessstudio aufgeben und den ganzen Tag mit ihnen abhängen und Chips vertilgen.

Während Sie Ihren Koffer schließen, tun Ihre Kinder alles, um Sie zum Bleiben zu bewegen. Sie sind abwechselnd süß und hysterisch. Kinder sind echte Verwandlungskünstler, die mit einer eigenen Show im Fernsehen auftreten sollten. Wenn das Taxi vorfährt, sagen Kinder schreckliche Dinge wie: »Geh nicht weg, Mama, wir haben dich lieb.«

ERLEDIGEN SIE SO VIEL GESCHÄFTLICHES WIE MÖGLICH, SOLANGE SIE NOCH BABYS SIND

Entgegen einer weit verbreiteten Auffassung ist das erste Lebensjahr eines Kindes die Zeit, in der man sich in die Arbeit stürzen sollte. Werden Sie Mitinhaberin Ihrer Firma, gehen Sie zu Kongressen – bringen Sie alles unter, bevor Ihr Kind Sie bitten kann, zu Hause zu bleiben.

SIE SIND NICHTS BESONDERES

Wenn Ihre Tochter sagt, dass sie Sie lieb hat, bedeutet es genauso viel wie gestern, als sie es zu ihrer Puppe gesagt hat.

IHRE KINDER VERFOLGEN EIN ZIEL

Kinder wissen, dass ihnen Schuldgefühle – wie der Weihnachtsmann – Geschenke einbringen. Wenn Sie sich wie eine Rabenmutter fühlen, bekommen die Kleinen etwas geschenkt. Es ist in ihrem Interesse, Ihnen ein möglichst schlechtes Gewissen zu machen.

KINDER KENNEN KEINE LOYALITÄT

Innerhalb von fünf Minuten nach Ihrer Abreise gibt Papa ihnen Eis, und schon sind Sie vergessen.

PAPA IST SOWIESO DER BESTE

Eine Woche allein mit Papa ist für Kinder das Größte. Es bedeutet Ferien vom Zähneputzen und Baden. Es bedeutet Schokolinsen zum Frühstück, Chips zum Mittagessen und Zuckerwürfel zum Abendessen. Und erst um zehn ins Bett.

UND SIE KOMMEN NICHT MAL AN ZWEITER STELLE

Sie haben nicht nur Papa am liebsten, sondern räumen jedem den zweiten Platz ein, der sie endlos fernsehen lässt. Während Sie im Hotelzimmer in die Kissen schluchzen und nicht einmal die Ruhe und Einsamkeit genießen können, sagt Ihr Kind gerade der Babysitterin, dass sie hübscher ist als Sie.

 Denken Sie daran:
Das Einzige, was sie bei Ihrer Heimkehr sagen werden, ist: »Was hast du mir mitgebracht?« Letztlich geht es nur um die Schneekugel aus dem Flughafenshop.

Was Sie in einer anderen Stadt tun sollten, bevor Sie wieder nach Hause fahren

Es ist egal, wo Sie sind – London, Tokio oder München. Es kommt nur darauf an, dass die Kinder nicht dabei sind. Hören Sie auf, sie zu kontrollieren, hören Sie auf zu skypen. Ihren Kindern geht es gut, und mit Ihrer Freiheit wird es bald wieder vorbei sein. Auch wenn Sie nur ein paar Stunden für sich haben – versuchen Sie einen der folgenden Tipps (oder alle) umzusetzen:

In einer Buchhandlung stöbern
Wie lange ist es her, dass Sie eine Buchhandlung betreten haben und direkt zur Romanabteilung geeilt sind? Und zwanzig Minuten dort zugebracht haben? Ohne sich zu fragen, wo

Ihr Kind abgeblieben ist, oder zehn Euro für ein Kinderbuch auszugeben, das maximal vierzig Wörter enthält? Wie lange ist es her, dass Sie ein Buch gelesen haben, dessen Hauptfigur ein Mensch und nicht ein Affe, ein Hund oder ein Boot ist? Seien Sie optimistisch. Kaufen Sie ein Buch. Nehmen Sie sich vor, es dieses Jahr zu lesen.

Da war doch noch was ...

Nachdem Sie Ihrem Hirn Nahrung gegeben haben, nehmen Sie sich die Zeit, einen Sexshop für Frauen aufzusuchen. Kaufen Sie einen Vibrator und lassen Sie die guten alten Zeiten wieder aufleben. Ach, kommen Sie schon, was wollen Sie denn sonst in Ihrem Hotelzimmer tun?

Einen anspruchsvollen Film anschauen

Es reicht nicht, sich einen nicht jugendfreien Film in einem großen Kinocenter reinzuziehen. Dort werden Sie im Vorraum auch auf Kinder treffen. Diese Geschäftsreise ist Ihr Urlaub und sollte völlig kinderfrei sein. Gehen Sie in eines dieser blasierten Programmkinos, die nur ausländische Filme oder deutsche Filme von Werner Herzog zeigen. Fühlt sich doch gut an, wieder eine Erwachsene zu sein, oder nicht?

Eine Bar

Wir haben gewisse Bedenken, dieses Thema anzusprechen, denn wenn Sie zu den Menschen gehören, die ans Alkoholtrinken erinnert werden müssen, ist Alkohol vielleicht nichts für Sie. Aber wenn Ihr Hotel eine Bar hat oder Sie sich in einer Stadt aufhalten, in der es Taxis gibt, spricht eigentlich nichts dagegen, dass Sie sich ordentlich einen hinter die Binde kippen, bevor Sie auf Ihr Zimmer zurückkehren und Batterien in den Vibrator einsetzen.

Teil 4:

Andere Leute sind schrecklich

17

Jemand hat Ihren Babynamen gestohlen!
oder
Die Ballade der ersten Aidan-Mutter

»Ich hoffe, es macht dir nichts aus, aber wir erwägen, unser Baby [Name Ihres Babys] zu nennen.«

Stellen Sie sich das Martyrium einer amerikanischen Mutter vor, die – als sie im Jahr 2000 mit einem Jungen schwanger war – mutig beschloss, den Namen Aidan wiederzubeleben. Er war damals nicht beliebt, und niemand außer den glühendsten Verehrern des Schauspielers Aidan Quinn kannte ihn überhaupt. Es war ein großartiger Name, ein Goldnugget aus einem ansonsten mit den Namen der zwölf Apostel angefüllten Flussbett.

Und wie wurde diese Mutter für ihre visionäre Entscheidung belohnt? Nachahmer brachten Aidan auf die Liste zuerst der hundert, dann der zehn beliebtesten Jungennamen. Ganz zu schweigen von den kreativen Schreibweisen (Aaden, Aidyn) und den auf einem Reim basierenden Formen (Braedon, Caydon und Jayden). Im Dezember 2009 wurde Aidan schließlich zum beliebtesten Jungennamen des Jahrzehnts gekürt.

Die Mutter des ersten Aidan musste sich fragen: Hätte sie es verhindern können?

Lassen Sie nicht zu, dass Ihnen dasselbe passiert. Immerhin haben Sie die ganze Vorarbeit geleistet. Sie haben Bücher und Websites auf der Suche nach einem Namen durchstöbert, der zukünftige Größe erahnen ließ. Sie sind Expertin für Wörter mit griechischen und lateinischen Wurzeln geworden. Ihre erste Wahl für ein Mädchen, Sophia, ist griechisch und bedeutet »Weisheit«, eine Tatsache, die Sie geschickt genutzt haben, um den Vorschlag Ihres Mannes, Darcy, abzuschießen, der aus dem Französischen stammt und »aus Arcy« bedeutet.

Falls Sie Immigrantin sind, haben Sie sich gefragt, ob Sie mit »Liu Liu« authentisch bleiben oder sich mit »Pauline« vorbehaltlos der deutschen Leitkultur unterwerfen sollten. Assimilation oder Abgrenzung? Falls einer Ihrer Vorfahren aus Ungarn zugewandert ist, sind Sie zu der Überzeugung gelangt, dass dies den Namen »Lazlo« für Ihren Sohn beziehungsweise »Ildikó« für Ihre Tochter rechtfertigt.

Sie haben *Freakonomics* gelesen und umsichtigerweise den zweiten Vornamen »Wayne« vermieden. Kurzum, Sie haben recherchiert, abgewogen und schließlich eine Entscheidung getroffen. Und dann kommt irgendeine Zicke daher und stiehlt den Namen Ihres Babys.

FALLS DAS BABY DIESER FRAU NOCH NICHT GEBOREN IST:

- **Legen Sie Protest ein!** In der heutigen Zeit gibt es keinen Grund, weshalb zwei Jungen namens »Tizian« denselben Kindergarten besuchen sollten. Erinnern Sie Ihre Freundin daran, dass im 21. Jahrhundert jedes Substantiv als Eigenname verwendet werden kann. Eine Obstsorte. Eine Stadt. Ein IKEA-Produkt (wann wird es die »VIKA«-Linie unter die Top Ten der Mädchennamen schaffen?).
- **Bieten Sie Ersatz an:** Sie können ihr nicht »Zoe« wegnehmen, ohne ein paar fantasievolle Alternativen anzubieten. Schlagen Sie einen Ihrer Reservenamen vor. Offensichtlich hat sie ja denselben Geschmack wie Sie. Und Sie wollen doch

sicher kein weiteres Kind bekommen. Lassen Sie Ihrer Freundin »Finja«. (Wenn Ihre Verhütung versagt, haben Sie immer noch »Anouk« als Reserve.)

WENN DAS BABY SCHON AUF DER WELT IST:

- **Beenden Sie die Freundschaft.** Was wird Ihnen diese Kuh als Nächstes wegnehmen? Ihren Job? Ihren Mann? »Anouk«?

 Denken Sie daran:
Wenn Sie nichts sagen, wird Ihre Tochter »Stella« von den anderen Kindern Nummer 3 genannt werden.

Woran Sie erkennen, dass Ihrer Freundin der Name Ihres Babys nicht gefällt

Sie haben mit dem Namen Ihres Babys einen Sonderweg beschritten. Sie haben einen Namen gewählt, bei dem Sie sicher waren, dass niemand anderes ihn anrühren würde. Sie mögen ihn, Ihr Mann mag ihn, das reicht. Und überhaupt: Wenn Vornamen über den Lebensweg entscheiden würden, wäre Condoleezza Rice Stripperin geworden.

Aber zurück zu Ihrer Freundin. Vielleicht steht sie auf altmodische Namen wie Oskar oder Luise. Der Name, den Sie gewählt haben, hat sie völlig überrumpelt.

Sie bittet Sie, ihn zu buchstabieren. Damit gewinnt sie Zeit. In Wirklichkeit möchte sie sagen: »Soll das ein Name sein?« Das Buchstabieren gibt ihr Gelegenheit, sich zu vergewissern, dass der Name Ihres Sohnes wirklich Z-e-p-h-y-r lautet.

Vielleicht fragt sie: »Wie seid ihr denn darauf gekommen?«
Sie gibt Ihnen die Chance, eine plausible Erklärung zu liefern.
Vielleicht hat dieser Name in Ihrer Familie Tradition. Bevor Sie
antworten können, schiebt sie genau das in fragendem Tonfall
nach: »Vielleicht eine Familientradition …?«

Ihre Antwort – »Von jetzt an schon« – ist nicht wirklich hilfreich.

18

Das unsagbar Böse:
eine Geburtstagsfeier – mit Hüpfburg –
im Stadtpark

In der Hölle gibt es einen besonderen Ort für Eltern, die den Geburtstag ihrer Kinder im Stadtpark feiern und eine Hüpfburg mieten. (Und dieser Ort in der Hölle ist ein niemals endender Kindergeburtstag mit zwei Hüpfburgen.) Nichtsahnende Mütter und Väter begeben sich mit ihren Kindern in den Park, um dort einen entspannten Nachmittag lang SMS zu verschicken und andere Leute zu verurteilen. Stattdessen werden sie von ihren Kindern mit endlosem Gequengel genervt: »Ich will auch auf die Hüpfburg!« Die Kleinen drücken ihre tränenüberströmten Gesichter gegen eine Riesenplastikblase.

Wie schafft es eine Rabenmutter wie Sie, ihr Kind davon abzuhalten, als ungebetener Gast bei einer Hüpfburgfete aufzukreuzen?

- **Gar nicht:**
  Sich Zutritt zu einem Ort zu verschaffen, an dem man nicht willkommen ist, ist eine Überlebenskompetenz, und Ihre wichtigste Aufgabe als Mutter besteht darin, Ihre Kinder Überlebenstaktiken zu lehren. Schließlich ist die Menschheit dem Untergang geweiht. Eines Tages wird ein Meteor die Erde oder eine Atombombe das Land treffen. Also halten Sie sich zurück und lassen Sie Ihr Kind sein Bestes geben. Der Vierjährige, der

sich Zutritt zu einer privaten Hüpfburg verschaffen kann, wird sich zu einem Erwachsenen entwickeln, der die Besitzer eines privaten Schutzbunkers bequatscht, ihn reinzulassen. Oder zumindest den Geschäftsführer eines voll besetzten Restaurants, in dem man normalerweise ohne Reservierung keinen Tisch bekommt.

Hier geht es um etwas Größeres als um Sie oder die Geburtstagsfeier dieses fremden Kindes.

- **Stellen Sie sich dumm.**
  a) Halten Sie den Ball flach, bis Ihr Kind rausgeworfen wird. Es ist am besten, betrügerisches Verhalten nicht offen zu unterstützen.
  b) Angriff ist die beste Verteidigung. Nachdem die genervte Hüpfburg-Mutter »Wem gehört dieses Kind?« gebrüllt hat, springen Sie von Ihrer Bank auf und rufen: »He, was machen Sie mit meinem Kind?«

- **Gehen Sie mit Ihrem Kind nach Hause.**
  Ihr Kind wird wahrscheinlich völlig aufgelöst sein, und das kann ihm auch niemand verdenken. Es ist wirklich nicht fair. Behandeln Sie es wie Paulie den jungen Henry Hill in *GoodFellas*, nachdem er zum ersten Mal verhaftet wurde. Umarmen Sie es und sagen Sie ihm, dass Sie sehr stolz sind, weil es seine Unschuld verloren hat (erklären Sie ihm noch nicht, was das bedeutet). Und dann gehen Sie mit ihm Eis essen.

 Denken Sie daran:
Es ist nie zu früh, um etwas gegen Kinder von Besserverdienern zu haben.

19

Schluss mit dem schrecklichen Kosenamen, den Ihr Schwiegervater für Ihr Kind verwendet

Stellen Sie sich das Grauen vor, das die Mutter einer Isabella empfindet, wenn ihr Kind zum ersten Mal »Isi« genannt wird. Mama versucht unsicher, die *Titanic* zu »Isabella« oder wenigstens »Bella« zurückzusteuern, aber es ist zu spät. Die Kollision mit dem »Isi«-Eisberg hat bereits stattgefunden. Jetzt wird sie sich fünfzehn Jahre lang »Kann Isi zum Spielen rauskommen?« oder »Ist Isi daheim?« (oder kürzer: »Is-si daheim«) anhören müssen.

Man darf sich nicht wundern, wenn die Tochter, die nach Spaniens berühmtester Königin benannt wurde, sich später mit einem Ferdinand zusammentut, sodass sie zusammen »Ferdi und Isi« sind.

KÜRZEN SIE DEN NAMEN IHRES KINDES NIEMALS AB! NICHT EIN EINZIGES MAL

Denn von da an geht es nur noch bergab. Wenn Freunde, Angehörige oder Nachbarn hören, wie Sie Ihre Elisabeth »Ella« nennen, nehmen sie die Sache in die Hand, und ehe Sie sich's versehen, sind Sie die stolze Mutter von »Liesel«. Es ist schon schlimm mit den Leuten.

MACHEN SIE IHREN GEFÜHLEN LUFT

Ganz egal, wer der Erfinder des Kosenamens ist – ein liebevoller Onkel, ein wohlmeinender Großvater, wer auch immer. Als Horsts Mutter müssen Sie allen klarmachen, dass »Hotte« völlig inakzeptabel ist. Und wenn Sie dazu Reifen aufschlitzen oder den korrekten Namen mit einem Schlüssel in Autos ritzen müssen – die Botschaft muss rübergebracht werden.

MEIDEN SIE DIE KLASSIKER

Vielen Leuten macht es Spaß, große Namen zu verunstalten. Ob es Neid ist? Höchstwahrscheinlich. Warum sollte sonst aus Katharina »Kathi« oder aus Viktoria »Vicky« werden? Vielleicht sind deshalb erfundene Namen so beliebt. Wenn man sich die Mühe gemacht hat, Schreibweise und Aussprache von »Nevaeh« zu entschlüsseln (»Heaven« rückwärts gelesen, 2010 in den USA auf Platz 25 der beliebtesten Mädchennamen), will man seine harte Arbeit nicht zunichtemachen, indem man das Kind »Nev« nennt.

 Denken Sie daran:
Kosenamen sollten nie von Vornamen abgeleitet werden, sondern auf grausame Weise körperliche Mängel Ihres Kindes hervorheben, wie beispielsweise »Hasenzahn«, »Segelohr« oder »Dicki«.

Teil 5:

Und manchmal sind wir selbst das Arschloch

20

Wie man sein krankes Kind
– von den Erzieherinnen unbemerkt –
im Kindergarten abliefert

Wenn Sie diese Überschrift gelesen und dabei gedacht haben: »Oh, nein, das könnte ich nie! Wie verantwortungslos! Da bleibt man doch zu Hause!«, dann ist dieses Kapitel nicht für Sie geeignet. Troll dich, Prinzessin. Freu dich darüber, dass dein Mann den Lebensunterhalt verdient, Großeltern in der Nähe wohnen oder dein Chef dich von zu Hause aus arbeiten lässt – oder was immer dich vor dem Dilemma der berufstätigen Mutter schützt.

Zieh Leine.

Ist sie weg? Gut. Es ist Zeit, über das einzige Elternthema zu reden, das mit einem noch stärkeren Tabu besetzt ist als Inzest: ein krankes Kind im Kindergarten abzuliefern.

Schauen wir uns die Ausgangssituation genau an, damit alle Betroffenen wissen, was auf dem Spiel steht: Sie haben einen Job. Sie können nicht zu Hause bleiben, um Ihre kranke Tochter zu pflegen, und es ist auch sonst niemand verfügbar, der es Ihnen abnehmen könnte. Ja, Ihnen ist klar, dass sie im Kindergarten andere Kinder anstecken kann. Aber darüber können Sie sich jetzt keine Gedanken machen. Man muss die wichtigen Dinge im Blick behalten: Sie haben einen Job. Noch.

Wenn Sie Ihren Job verlieren, weil Sie bei Ihrem kranken Kind zu Hause geblieben sind, werden schreckliche Dinge passieren. Sie werden mit der Miete oder der Rate für die Hypothek in

Rückstand geraten und aus Ihrer Wohnung geworfen werden. Sie und Ihr(e) Kind(er) werden (bei dieser Wirtschaftslage) auf der Straße sitzen. Um die heruntergekommene Absteige bezahlen zu können, die Sie dann Ihr Zuhause nennen werden, werden Sie Ihren Körper verkaufen müssen. Sie werden an Ihrer Ecke herumstaksen (ja, die werden Sie sich sichern) und sich in Autofenster lehnen. Sie werden über den Preis eines Blowjobs verhandeln müssen. Und, Schwester, dafür bekommt man viel weniger, als angemessen wäre.

Und wo werden die Kinder sein, während Sie dieser entwürdigenden Aktivität nachgehen? Wenn Sie sie nicht zu Hause lassen konnten, als Sie noch einen guten Job hatten, werden Sie es dann sicher auch nicht tun können. Die Kinder werden im Auto sitzen und das Geld zählen. Sie werden zunächst noch nicht wissen, womit Sie es verdienen. Sie werden nur wissen: Mama steigt in ein fremdes Auto ein und wenn sie wiederkommt, bringt sie 35 Euro mit. Zehn- oder zwanzigmal am Tag. »Na ja, wenigstens lernen sie rechnen«, werden Sie sich sagen.

Okay, vielleicht wird es nicht genauso enden, aber diese Möglichkeit müssen Sie sich vor Augen führen, um sich auf das Wesentliche konzentrieren zu können.

ANLEITUNG ZUM ABLIEFERN
EINES KRANKEN KINDES IM KINDERGARTEN

- Bringen Sie Ihr Kind nie in den Kindergarten, wenn es Fieber hat.
- Korrektur: Bringen Sie es nie in den Kindergarten, wenn Sie *wissen*, dass es Fieber hat. Darum sollten Sie nie seine Temperatur messen, besonders nicht, wenn es sich heiß anfühlt. Je weniger Sie wissen, desto weniger Grund haben Sie zu lügen.
- Erzieherinnen merken, wenn Sie lügen. Wie Polizisten be-

kommen sie immer wieder denselben Mist aufgetischt. Wenn die Erzieherin rundheraus fragt, ob Ihre Tochter Fieber hat, können Sie nicht nein sagen, ohne sich zu verraten, wenn die Antwort ja ist. Aber Sie können ihr in die Augen sehen und sagen: »Nicht dass ich wüsste«. Denn das ist die Wahrheit. Informationen sind Ihr Feind.

- Liefern Sie Ihre Tochter zu einer Zeit ab, zu der viel los ist, beispielsweise um acht Uhr. Tauchen Sie in der Masse der Mütter unter, die ihre noch gesunden Kinder abliefern. Und dann machen Sie sich aus dem Staub. Versuchen Sie, im Auto zu sitzen, bevor Ihr Kind zum ersten Mal hustet.

- Bringen Sie Ihrem Kind bei, in seine Ellenbeuge zu husten. Je weniger Ihr Kind andere anhustet, desto unwahrscheinlicher ist es, dass die Erzieherin Sie bei der Arbeit anruft.

- Bringen Sie Ihrem Kind das Wort »Allergie« bei. Wenn es schon gut sprechen kann, das Wort »Ganzjahresallergie«.

- Wenn die Erzieherin Sie bei der Arbeit anruft, nehmen Sie nicht ab. Oder lassen Sie das Handy im Auto. Wie können Sie Schuldgefühle wegen eines verpassten Anrufs haben, wenn Sie das Handy nicht dabeihaben? Denken Sie daran: Informationen sind Ihr Feind.

- Rufen Sie den Kindergarten erst nach der zweiten Nachricht auf der Mailbox zurück. Wenn Ihr Kind wirklich krank ist, werden sie mehrmals anrufen.

- Wenn Sie Ihr Kind abholen müssen, warten Sie bis zum späten Nachmittag. Holen Sie es eine Stunde früher als sonst ab. Sie werden beim Kindergarten eintreffen, bevor er schließt, müssen aber nicht zu früh Feierabend machen.

- Sie gehen arbeiten, wenn Sie krank sind. Das tun die meisten Leute. So ist das heutzutage. Wie können wir in der globalisierten Wirtschaft bestehen, wenn unsere Kinder jedes Mal, wenn sie »erkältet« sind oder »Scharlach« haben, zu Hause bleiben? Bringen Sie Ihr krankes Kind in den Kindergarten. Für Sie selbst. Für Ihr Land.

 Denken Sie daran:
Ihr Kind hat sich beim Nachwuchs einer anderen Rabenmutter angesteckt. Warum sollten Sie die Heldin spielen und das Virus aufhalten? Tragen Sie es weiter.

Äußerungen der Mutter einer Rabenmutter (einer pensionierten Erzieherin) nach der Lektüre dieses Kapitels

»Das soll wohl ein Witz sein?«

…

»Was soll das heißen, du hast das auch schon gemacht?«

…

»Konnte meine Enkelin deshalb in ihre Ellenbeuge husten, bevor sie laufen konnte? Damit die Erzieherinnen nichts merkten, wenn sie erkältet war?«

…

»Ich bin schockiert. Ich war eine bessere Mutter.«

…

»Doch, war ich.«

…

»Ich will dir mal was sagen: Wenn du dein Kind in meinen Kindergarten geschickt hättest, hätte ich dich aufgefordert, es herauszunehmen.«

…

»Und noch was: Verwendest du genug Sonnencreme? Deine Haut sieht schrecklich aus.«

…

»Wo gehst du denn hin? Hab ich was Falsches gesagt?«

21

Sollten Sie mit dem Simsen aufhören, wenn Ihr Kind von einer anderen Mutter angebrüllt wird?

Sie und Ihr Kind sind beim Piratenschiff auf dem Spielplatz, in einem abgegrenzten Bereich, sodass Sie mit Ihrer Freundin simsen können, ohne sich alle fünfzehn Sekunden nach Ihrem Sohn umzusehen. Sie empfangen regelmäßig LOLs und gelegentlich ein OMG – es ist eine entspannte, unterhaltsame Simsversation. Es sind die kleinen Dinge, die das Leben lebenswert machen (ESDKDDDLLM).

Sie hören Geschrei, aber nicht von Ihrem Kind. Sie simsen weiter.

Sie hören erneutes Geschrei, und dieses Mal ist es Ihr Kind. Sie hören auf zu simsen. Ihr Sohn steht auf dem Piratenschiff. Er vergießt die Tränen eines Schuldigen, der das Urteil der Geschworenen fürchtet. Sie waren nicht Zeugin des Verbrechens, aber ein anderer Dreijähriger reibt sich Sand aus den Augen.

»Das war nicht sehr nett«, sagt die Mutter des Opfers mit erhobenem Zeigefinger zu Ihrem Sohn.

»Wäääh«, brüllt Ihr Sohn und schaut sich nach Ihnen um.

Legen Sie das Handy noch nicht weg.

Halten wir kurz inne und analysieren die Situation. Benimmt sich Ihr Kind wie ein kleiner Mistkerl? Bedenken Sie: Er stammt von Ihnen ab, und Sie lesen ein Buch mit dem Titel *Rabenmütter*. Also ist es durchaus möglich, dass Ihr Kind ein Fiesling ist. Es ist sogar wahrscheinlich. Alle Kinder benehmen sich manchmal wie Arschlöcher – vielleicht hat Ihr Sohn heute so einen Tag. Nur Anfängerinnen glauben, ihr Kind sei immer unschuldig. Wenn Ihres Sand geworfen hat, muss es ermahnt werden. In Ihrer Abwesenheit hat das die andere Mutter übernommen. Seien Sie ihr dankbar dafür und überlassen Sie es ihr, Ihrem Sohn seine Schuld klarzumachen. Sie brauchen auch mal einen Tag frei vom Erziehen, und sie ist ja offenbar in ihrem Element. Lehnen Sie sich auf der Bank zurück und beobachten Sie die Show. Mehrere Dinge können passieren:

- **Sie können Ihrem Kind aus der Ferne beim Lügen zusehen**: So benimmt es sich also im Kindergarten. Es schaut auf seine Füße, wenn es einen Fremden anlügt. Gut zu wissen.
- **Sie sind das kleinere Übel:** Der Erziehungsstil einer anderen Mutter bewirkt möglicherweise, dass Ihr Kind den Ihren schätzen lernt. Endlich.
- **Sie stellen fest, dass die andere Mutter eine bessere Konfliktlösungsstrategie hat, und klauen ihre.**
- **Sie stellen fest, dass Sie die bessere Konfliktlösungsstrategie haben:** Hin und wieder tut es gut, sich klarzumachen, dass Sie nicht die schlimmste aller Rabenmütter sind.

Stehen Sie von der Bank auf, wenn
- **die andere Mutter Ihr Kind schlägt**. Wow. Jetzt kommt Ihr Auftritt.

Aber, Moment mal – was ist, wenn *Sie* die Mutter sind, der die Aufgabe zufällt, ein fremdes Kind zu ermahnen?

Das ist natürlich etwas völlig anderes. Wir Rabenmütter müssen zusammenhalten. Wenn Sie die andere Mutter sind, sind wir auf Ihrer Seite. Dann mal los!

Schwester, du hast dein Baby nicht im Auto angeschnallt, hast Trinkbecher gefüllt und bist zum Spielplatz gefahren, um dem unbeaufsichtigten Gör einer verantwortungslosen Drückebergerin eine Lektion in Sachen Mitgefühl zu erteilen. Wie kann sie es wagen, sich den Hintern auf einer Bank plattzudrücken, SMS über die Sexabenteuer der letzten Nacht zu verschicken und dabei so zu tun, als ob sie nicht verantwortlich sei für das Balg, das Ihrem Kind Sand in die Augen geworfen hat?

- **Sprechen Sie so laut mit ihrem Kind, dass sie es hören kann:** Wenn sie nicht sofort kommt, werden Sie benutzt. (Vielleicht hat sie dieses Buch gelesen ... sorry.)
- **Blamieren Sie sie vor ihrem eigenen Kind:** Rufen Sie sie rüber. Jetzt ist die Pose mit den in die Hüfte gestemmten Armen angesagt. Dann starren Sie sie böse an, bis sie ihr Kind zwingt, sich zu entschuldigen.

Keine Sorge, wenn Sie auf dem Spielplatz nicht zum Zug kommen. Jede Mutter hat eine Zeit, in der sie zur Höchstform aufläuft – vielleicht sind Sie keine »Kleinkindmutter«. Wenn Sie den Wunsch verspüren, mit Ihrem Kind über Politik oder Mädchen oder Jungs zu sprechen, sind Sie wahrscheinlich eher eine »Teenagermutter«. Vielleicht sind Sie sogar eine »Wenn-sie-aus-dem-Haus-sind-Mutter«. Man weiß nie, wann die eigene Blütezeit kommt.

 Denken Sie daran:
Sie hält Sie für faul. Sie halten sie für eine Glucke.
Hey, Sie haben beide recht!

22

Wie man sich
eines Neugeborenen entledigt,
das gerade in die Windel gemacht hat

Sie haben das Baby ausgetragen und dann zur Welt gebracht. Sie haben dabei harte emotionale und körperliche Arbeit geleistet. Sie sind aus der Klinik nach Hause gekommen, sind vollkommen fertig, und dieses Neugeborene, das Sie hoffentlich bald lieben werden, hört einfach nicht auf zu kacken.

- **Lernen Sie, das Mutterfenster zu erkennen.**
  Das Mutterfenster ist ein kleines Zeitfenster, das nur eine Mutter wahrnimmt. In diesem Fall sind es die Sekunden zwischen dem Füllen der Windel und dem Augenblick, in dem alle Anwesenden es riechen. Das zu erkennen, ist ein wichtiger Teil der Mutter-Kind-Bindung.

  Jedes Baby hat seinen eigenen »Ahhhh«-Gesichtsausdruck, und wenn er bei Ihrem Baby auftritt, haben Sie ein paar Sekunden Zeit, um es an Papa, Opa oder den Babysitter weiterzureichen. Lernen Sie Ihr Baby kennen. Lassen Sie sich von ihm helfen, nicht diejenige zu sein, die die Windel wechseln muss.

- **Schleichen Sie sich hinaus.**
  Gehen Sie einfach. Falls Sie einen Protestruf des zurückbleibenden Erwachsenen hören, halten Sie es wie Lots Frau: Schauen Sie nicht zurück. Entfernen Sie sich aus diesem

Schlamassel wie ein Actionstar vom Ort der verheerenden Explosion: langsam, mit einem Grinsen im Gesicht.

- **Weigern Sie sich einfach.**

  Es steht Ihnen zu, erschöpft zu sein. Mehrere kleine Zusammenbrüche können vielleicht einen großen verhindern. Es ist völlig akzeptabel, zu dem jeweils in der Nähe befindlichen Erwachsenen zu sagen: »Du bist an der Reihe.« Bewahren Sie die Sauberkeit Ihrer Hände dafür, beim Stillen den Kopf des Babys zu halten.

 Denken Sie daran:

Der Fünf-Sekunden-Countdown des Mutterfensters: Baby ächzt ... 5 ... Baby macht in die Windel ... 4 ... Mama merkt es ... 3 ... Reicht Baby weiter ... 2 ... Geht aus dem Zimmer ... 1 ... Im Raum breitet sich ein Geruch aus. Mama ist weg.

23

Oh, sind Sie etwa ausgerastet?

Sie hatten als Mutter ein paar gute Wochen. Sie haben die Kinder gebadet, sie altersgerechte YouTube-Videos sehen lassen und ihnen vorgelesen. Sie haben das Gefühl, dass irgendetwas »Klick« gemacht hat, Sie sind in der Spur. Ihnen kommt der Gedanke, dass Sie eine zusätzliche Herausforderung brauchen. Die Küche renovieren? Ein Hundebaby? Noch ein Kind? Alles scheint machbar.

Dann, an einem sonnigen, wolkenlosen Tag, stürzt ein Felsbrocken in Form eines verloren gegangenen Schuhs herab. Dann ein weiterer Felsbrocken und noch einer, bis es ein ganzer Bergrutsch ist. Eine im Klo hinuntergespülte Socke, eine im Bett ausgezogene Windel, mit Nutella beschmierte Wände, ein Micky-Maus-Cartoon auf YouTube, der sich als Porno mit einer Hauptdarstellerin namens »Minnie Mouth« erweist.

Was als Nächstes passiert, wird zu einer Familienlegende werden. Sie sind im Begriff, im großen Stil auszurasten. In fünfzig Jahren wird Ihr Ältester diese Geschichte zur allgemeinen Erheiterung bei Ihrer Beerdigung erzählen. Schimpfwörter werden gebrüllt, Hintern werden versohlt, es wird gegen Wände getreten, eine Wassermelone zerplatzt. Wenn Sie fertig sind, heulen alle – Ihre Kinder, Ihr Mann, Ihr Hund, Sie selbst.

So weit, so gut.

Was sollten Sie jetzt tun?

SEHEN SIE ES POSITIV.

- **Alle leben noch!** (Nicht wahr?) Okay! GUT. Sie brüllen? Noch besser. Das heißt, sie sind quicklebendig.
- **Sind Sie gerade im Supermarkt?** Nein? GUT. Ja? Oh, nein. Nichts wie raus da. Die glücklichen Gesichter der Werbepappfiguren starren Sie an und lassen Ihren Tobsuchtsanfall noch lächerlicher erscheinen. (Wenn Sie unbedingt im Laden ausrasten müssen, dann tun Sie es wenigstens in einem Billigdiscounter.)
- **Es kann jedem passieren.** Kindesmisshandlung ist zwar nicht akzeptabel, aber jede Mutter hat eine »Freispruch vor dem Familiengericht«-Karte als Joker.

Wenn es oft passiert, sollten Sie therapeutische Hilfe in Anspruch nehmen. In Ausbildung befindliche Familientherapeuten müssen Hunderte von Therapiestunden nachweisen, bevor sie ihre Zulassung bekommen. Lassen Sie einen Anfänger ran! Vielleicht machen Ihre Macken aus einem normalen Absolventen einen echten Therapeuten!

Wenn es sich nur um einen einmaligen Ausraster handelt, sind Sie wahrscheinlich wütend auf sich selbst, weil Sie die Kontrolle verloren haben. Statt sich selbst fertigzumachen, weil Sie diese Art von Mutter sind, sollten Sie sich einen Augenblick darauf konzentrieren, welche Art von Mutter Sie nicht sind:

Ihre eigene

Korrektur: Ihre zwei Packungen pro Tag qualmende Mutter. Das ist jetzt reine Spekulation, aber die Liste ihrer Verbrechen umfasst wahrscheinlich folgende Punkte:

- Sie hat Sie auf den Rücksitz gesetzt, ohne Sie anzuschnallen.
- Sie hat Sie auf den Beifahrersitz gesetzt und nur mit einem Hüftgurt angeschnallt.
- Sie hat Sie ohne Helm Rad fahren lassen.
- Sie hat Ihnen erlaubt, in einem für seine pädophilen Bewohner bekannten Wohnkomplex selbst gebackene Plätzchen zu verkaufen.
- Sie hat Ihnen gesagt, dass Sie sich aufrecht halten sollten, weil Sie mit hängenden Schultern »schwanger« aussähen.
- Sie hat zugelassen, dass Ihr Schwimm-/Turn-/Leichtathletik-trainer Sie auf Kurzreisen mit Übernachtung mitnahm, die »Massagen« vor dem Wettkampf beinhalteten.
- Sie hatte noch nie von Bulimie gehört und kommentierte Ihren Gewichtsverlust mit den Worten: »Was immer du tust, Schatz – weiter so!«

Diese Frau hat Glück, dass die Verjährungsfrist abgelaufen ist.

Eine »Kleinkinder mit Krönchen«-Mutter

Wenn Ihre Vierjährige schreit, dass Sie gemein sind, sollte sie eigentlich froh sein, dass Sie nicht von ihr verlangen, zum Playback pornographischer Songs die Lippen zu bewegen und auf Kindermisswahlen mit den Hüften zu wackeln. *Das* verlangen nämlich die Mütter anderer Vierjähriger.

Die Mutter von gegenüber

Sie machen sich Sorgen über den Ausraster, den Sie gerade hatten? So etwas gehört bei ihr zum Alltag. Sie schreibt gerade ein Buch mit dem Titel »Grauenvolle Mütter«. Sie finden es nächstes Jahr in den Buchläden.

Eine drogenabhängige Mutter

Es gibt natürlich keine günstige Zeit, um drogenabhängig zu sein, aber die schlechteste Zeit ist sicher die Schwangerschaft. Wenigstens das haben Sie nicht getan! Ein Punkt für Sie.

Eine »Nicht jetzt«-Mutter

Sie hätten sich diesen ganzen Schlamassel durch einen einzigen Besuch bei Pro Familia ersparen können. Stattdessen haben Sie zugelassen, dass dieses verdammte Baby eine vierspurige Autobahn durch die ruhige Einbahnstraße Ihres bisherigen Lebens gesprengt hat. Das war mutig, und das ist doch auch etwas wert.

PS: Wenn Sie vorhaben, Ihre Kinder darauf hinzuweisen, dass Sie sie hätten abtreiben können, sollten Sie sich das für die richtige Gelegenheit aufheben. Diesen Trumpf im Ärmel sollten Sie nicht an Ihre Dreijährige verschwenden, wenn sie ihren Orangensaft verschüttet. Warten Sie damit, bis sie fünfzehn ist und heimlich eine Party schmeißt, während Sie verreist sind. Setzen Sie sich mit ihr auf Ihre mit Bier getränkte Couch und erklären Sie ihr, dass Sie im Begriff sind, ihr etwas zu sagen, das sie eines Tages an ihre eigene Tochter weitergeben kann, wenn sie das Haus verwüstet hat. Beugen Sie sich dann vor und sagen Sie: »Ich hätte dich loswerden können. Und habe es nicht getan. Ich wollte dich haben, verdammt noch mal. Bring jetzt dieses Chaos in Ordnung, und mach so was nicht noch mal. Oder ich baue mir eine Zeitmaschine und reise mit dir zum Tag deiner Empfängnis zurück.«

 Denken Sie daran:
Eine Mutter, die noch nie die Kontrolle verloren hat, will man gar nicht erst kennen lernen.

24

Wie man es schafft, das Baby mitten in der Nacht nicht zu hören

Wenn eine Mutter behauptet, dass ihr Baby nachts durchschlafe, sagt sie damit lediglich, dass *sie* nachts durchschläft. Alle Babys schreien nachts. Sie sind egozentrisch, haben schlechte Manieren und scheren sich nicht darum, ob sie jemanden aufwecken. Was die Sache noch verschlimmert: Mütter sind darauf programmiert, auf das Weinen ihres Babys zu reagieren. Doch es gibt eine Möglichkeit, sich diesem selbstzerstörerischen Zwang zu entziehen: Sie müssen dafür sorgen, dass Sie Ihr Baby nachts nicht schreien hören.

- **Das Baby sollte in seinem eigenen Zimmer schlafen**
  Es ist unmöglich, ein Baby zu ignorieren, das in einer Wiege direkt neben dem Elternbett (oder schlimmer noch: im Elternbett) schläft. Es hat Ihren Körper aus gutem Grund verlassen: Weil es bereit dafür ist, ein selbstständigeres Dasein zu führen. Hindern Sie es nicht daran.

- **Das Kinderzimmer sollte nicht in der Nähe Ihres Schlafzimmers sein**.
  Schlafen Sie um Himmels willen nicht in einem direkt an das Kinderzimmer angrenzenden Zimmer. Nichts leitet Babygeschrei besser als eine Trockenbauwand. Wenn Sie in einer

Miet- oder Eigentumswohnung leben, stellen Sie das Kinderbett an die am weitesten entfernte Wand (vorzugsweise die
Wand zur Nachbarwohnung).

- **Besorgen Sie einen akustischen Neutralisator.**
Sobald Sie Ihr Baby so weit entfernt wie möglich untergebracht
haben, sollten Sie einen akustischen Neutralisator auswählen.
Herkömmliche Geräuscherzeuger, die Waschmaschinenge-
räusche, Vogelgezwitscher oder Wellenrauschen verbreiten,
sind wirkungslos. Wie alle Tiere entwickeln auch Babys sich
ständig weiter. Ihre Stimmbänder haben sich an moderne Zeiten angepasst, und es dauert nur Sekunden, bis ihr Geschrei
das von digitalen Grillen, Vögeln, Walen oder Bächen erzeug-
te weiße Rauschen durchdringt. Denken Sie immer daran:
Babys sind ausgefuchst, und sie haben es auf uns abgesehen.

- **Kaufen Sie einen Ventilator und lassen Sie ihn an,
bis das Baby drei ist**
Babys haben einen Feind, und zwar den Ventilator. Nicht den
eleganten Ventilator aus den Fünfzigern und auch nicht den
technisch ausgefeilten, geräuschlosen Ventilator der Zukunft.
Einzig dem kastenförmigen Ventilator der Siebziger Jahre haben Babys nichts entgegenzusetzen. Dem hässlichen, billigen
Ventilator mit schmutzigen Lamellen. Dem Ventilator mit drei
Einstellungen: »niedrig«, »hoch« und »Ich habe gerade acht
Stunden geschlafen und fühle mich großartig«.
   Schalten Sie ihn nicht aus. Er gibt Ihnen die Möglichkeit,
in einer Fantasiewelt zu leben, in der Ihr Baby »Weltmeister im
Schlafen« ist. Aber nur, solange der Ventilator eingeschaltet
ist. Werden Sie nicht übermütig und schalten ihn auf »niedrig«
zurück. Denn das ist der Augenblick, auf den Ihr Baby wartet.

Es weiß, dass Sie genetisch darauf programmiert sind, zu ihm zu gehen, und wird darum seinen kleinen Mund öffnen und Sie mit einem Schrei ins Herz treffen, der die Illusion vom »Weltmeister im Schlafen« ein für alle Mal zerstört.

 Denken Sie daran:
Sie werden als Mutter noch viel schlimmere Dinge tun, als Ihr Baby nachts schreien zu lassen. Das ist erst der Anfang.

Teil 6:

Etwas andere Mütter

25

Alte Mütter:
Na, hatte da jemand noch
eine brauchbare Eizelle?

Glückwunsch, altes Mädchen, Sie haben es geschafft. Sie hatten eine Karriere, und Sie hatten Männer. Viele Männer. Vielleicht sogar eine Frau. Sie haben den ganzen Schwachsinn von der »biologischen Uhr« ignoriert, weitergefeiert und die Mutterschaft bis auf den letzten Drücker rausgeschoben. Und dann – als Ihr 44-jähriger Uterus laut Aussagen der Frauenzeitschriften eigentlich hätte am Ende sein müssen – haben Sie Nachwuchs in die Welt gesetzt. Sie haben eine aberwitzig kleine Chance zu nutzen verstanden.

Halten wir einen Augenblick inne und sehen uns an, was Sie bisher geleistet haben. Sie sind Miteigentümerin Ihrer Firma oder Abteilungsleiterin oder als erste Frau was auch immer geworden. Oder Sie haben acht von den Kritikern gefeierte Alben herausgebracht oder ein neues chemisches Element entdeckt oder hatten Groupie-Sex mit einem der Smashing Pumpkins oder haben zwei Studiengänge abgeschlossen oder waren dreimal verheiratet. Ihre Teenagerjahre, Zwanziger und Dreißiger fließen ineinander zu einer einzigen Phase des Tun-worauf-man-Lust-hat. Ihr Leben war großartig.

Und jetzt ist es vorbei. Hoffentlich haben Sie Tagebuch geführt. Erinnern Sie sich noch an das Jahrzehnt, in dem Sie nie vor elf Uhr aufwachten? Das wird nie wieder der Fall sein. Nicht einmal, wenn Ihr Kind aus dem Haus ist. Denn bis dahin werden Sie alt sein. Und was tun alte Menschen? Sie wachen früh auf. Früher als Babys, früher als Kleinkinder. Sie ziehen Fleecejacken an und gehen Power-Walken.

Ein paar Dinge sollten Sie beachten:

ES GEHT NIEMANDEN ETWAS AN, WIE SIE SCHWANGER GEWORDEN SIND

Ist dieses Baby aus Ihrer letzten brauchbaren Eizelle oder einer fremden jungen Eizelle entstanden? War dazu eine Hormonbehandlung oder eine weinselige Nacht mit einem jungen Mann und seinen übereifrigen Spermien nötig? Das geht niemanden etwas an. Es kommt nur darauf an, dass es geklappt hat. In manchen Ländern sind Frauen Ihres Alters schon Großmütter.

VIELLEICHT WIRD AUS IHNEN EINMAL DIE ÄLTESTE GROSSMUTTER SEIT DEM ALTEN TESTAMENT

Wenn Ihre Tochter es Ihnen nachmacht und wartet, bis sie fast fünfzig ist, dann werden Sie mit fast neunzig zum ersten Mal Oma. Das klingt verdammt nach dem 1. Buch Mose. Andererseits hat es auch seine Vorteile. Während Ihre Tochter im Kreißsaal in den Wehen liegt, werden Sie ganz in der Nähe sein und auf der Demenzstation die Wand anstarren.

ALTE RABENMÜTTER SIND DIE BESTEN RABENMÜTTER

Sie werden Ihrem Kind nicht vorwerfen, dass es Ihre Jugend ruiniert hat, denn die haben Sie selber vergeudet. Im Gegensatz zu jungen Müttern können Sie berufliche Rückschläge nicht der Mutterschaft anlasten. Auf Ihre Erfolge können Sie stolz sein, und Ihre Misserfolge haben Sie sich selbst zuzuschreiben. Aber gehen Sie nicht zu hart mit sich ins Gericht: Wenn Sie es nicht geschafft haben, bevor das Baby kam, hätten Sie es wahrscheinlich sowieso nie geschafft.

SIE WISSEN, WIE SCHNELL DIE ZEIT VERGEHT

Sie können die kleinen Dinge besser wertschätzen, weil Sie schon die Erfahrung gemacht haben, wie schnell Ihre mittleren Jahre verflogen sind. Macht sich eine zwanzigjährige Mutter klar, dass das Leben kurz ist? Nein. Sie hat das Gefühl, dass das Leben sich endlos hinzieht.

MACHEN SIE ES SICH LEICHTER

Ziehen Sie in die Stadt. Sie wollen doch nicht in irgendeinem kleinen Dorf die einzige alte Mutter auf dem Spielplatz sein. Gleich und gleich gesellt sich gern. Andere alte Mütter wollen sich von Ihnen die Außentemperatur bestätigen lassen, wenn sie Hitzewallungen haben.

 Denken Sie daran:
Statt in eine Ausbildungsversicherung einzuzahlen, sollten Sie sich lieber eine gute Lebensversicherung zulegen. Sie werden wahrscheinlich sterben, bevor Ihr Kind BAföG bekommt.

26

Junge Mütter:
Eine Möglichkeit, sein Leben
früh zu ruinieren

Soso. Da hat jemand die Botschaft nicht bekommen, dass es ein Leben vor der Mutterschaft gibt. Während andere junge Frauen Ihres Alters ihren fünfzehnten Geburtstag gefeiert, für das Abitur gelernt oder ihr Examen gemacht haben, sind Sie Mutter geworden. Sie haben sich von dem ganzen Hype um die Generation X nicht blenden lassen. Anders als die alten Mütter haben Sie beschlossen, das Schwierigste zuerst in Angriff zu nehmen.

Es ist egal, wie Sie schwanger wurden – ob es eine tollpatschige Tanzstundenliebe oder einfach Familientradition war. Wichtig ist, dass Sie Anfang vierzig oder sogar Ende dreißig sein werden, wenn Ihre Kinder aus dem Haus sind.

Verdammt.

Sie und Ihre flachen Bauchmuskeln. Sie und Ihre leichte Entbindung. Sie und Ihre Augen ohne dunkle Ringe, egal, wie oft Ihr Baby Sie aufweckt. Wagen Sie es nicht, weiterzublättern! Sie werden hier sitzen und das ganze Kapitel lesen. Nehmen Sie es wie ein Mann, Sie kleines Mädchen.

Junge Rabenmutter, erwarten Sie kein Mitgefühl von uns. Und zwar gerade weil Sie jung sind. Sie haben es so gut: Wenn Sie Stripperin wären, könnten Sie innerhalb von zwei Wochen nach der Entbindung wieder an der Stange tanzen, als ob nichts geschehen sei. Sie bekämen sogar zusätzliches Trinkgeld von Männern, die auf stillende Frauen stehen.

Unfair.

Folgende Tipps helfen Ihnen, unter alten und durchschnittlich alten Müttern zu leben, die Ihnen verständlicherweise am liebsten die Augen auskratzen würden.

- **Passen Sie auf, was Sie sagen:** Sagen Sie niemals: »Ach, ich wollte nie eine von diesen alten Müttern werden.« Möglicherweise unterhalten Sie sich gerade mit einer dieser alten Mütter, die sich so viel Botox hat spritzen lassen, dass sie aussieht, als ob sie in Ihrem Alter sei. Eine Frau, die die Natur überlistet, indem sie in ihren Vierzigern Mutter wird, wird wahrscheinlich nicht zulassen, dass Falten ihre Stirn verunzieren.
- **Seien Sie respektvoll:** Alte Mütter sind Pionierinnen auf dem Gebiet der Faltenunterspritzung mit Hyaluronsäure, deren mutiger Einsatz Ihnen zu einem runzelfreien Alter verhelfen wird. Bis Sie alt sind, haben sie vielleicht herausgefunden, wie man das mit dem Hals hinkriegt.
- **Tun Sie so, als ob Sie ihre Anspielungen verstehen würden:** Wenn sie anfangen, von den Pretenders, den Beastie Boys, The Cure oder ABBA zu erzählen, nicken Sie einfach und lächeln Sie. Sie können ihre Dinosaurier-Bands später googeln, wenn Sie unbeobachtet sind.

  Wenn Sie ein Smartphone haben, können Sie sie sogar googeln, wenn Sie beobachtet werden, weil die alten Mütter sowieso nichts erkennen können – und zu eitel sind, ihre Lesebrille herauszuholen.
- **Vermasseln Sie es nicht!** Verhüten Sie, bis Ihr Arzt Ihnen bestätigt hat, dass Sie mitten in den Wechseljahren sind. Sie wollen doch nicht gleichzeitig eine junge *und* eine alte Mutter

sein. Denn das würde bedeuten, dass Ihr ganzes Leben nur aus Muttersein besteht. Das ist nur empfehlenswert, wenn Sie mit Ihrer Großfamilie eine eigene Reality-Show im Fernsehen bekommen wollen.

 Denken Sie daran:

Sie haben wilde Zeiten verpasst (wenn man von der Phase in Ihrem siebzehnten Lebensjahr absieht, in der Sie schwanger wurden). Ihre Vierziger werden die Zwanziger anderer Leute sein.

27

Ihre »Freundin« hat neuerdings ein zweisprachiges Kindermädchen

Wie alle Mütter wollen Sie Ihrem Kind alle Chancen eröffnen. Sie wollen, dass es Ihr Kind zu etwas bringt. Sie wollen, dass es den Müllberg des Lebens erklimmt und über die Müllkippe herrscht, bis es von einer jüngeren, ehrgeizigeren Version seiner selbst einen Dolchstoß in den Rücken bekommt.

Sie träumen für Ihr Kind den Traum vom gesellschaftlichen Aufstieg. Und Sie tun, was immer Sie sich leisten können, um ihn Wirklichkeit werden zu lassen. Die beste Privatschule oder die schlimmste Wohnung im besten Schulbezirk. Musikunterricht, Sport, intensive Beschäftigung mit Ihrem Kind, Vorlesen aus Büchern, nicht von Bildschirmen, eine selten genutzte Staffelei von IKEA im Wohnzimmer. Im Kindergarten konkurriert Ihr Vierjähriger mit dem Fünfjährigen Ihrer Freundin (Ihre Freundin hat ihn extra ein Jahr länger zu Hause behalten), und der Gewinner dieser Runde nimmt am Finale gegen die schlauesten Kinder aus Korea und Indien teil.

Gerade als Sie denken, Sie hätten an alles gedacht und Ihr Kind habe in dieser grauenvollen globalen Wirtschaft eine Chance, stellt Ihnen Ihre Freundin ihr chinesisches Kindermädchen Jiao vor.

Die zweite Sprache. Völlig vergessen! Verdammt. Niemand in Ihrer Familie spricht etwas anderes als Deutsch und ein paar Brocken Englisch.

Vielleicht war das nicht immer so. Vielleicht war einer Ihrer Vorfahren irgendwann aus Italien, Russland oder Japan eingewandert und hatte hilflos mit ansehen müssen, wie seine Nachkommen sich vollständig assimilierten und seine Muttersprache in seiner Familie verloren ging.

Jetzt ist diese Muttersprache Ihres Vorfahren wichtig. Sie ist gut für das Gehirn und die Berufsaussichten Ihres Kindes. Nehmen Sie sich einen Augenblick Zeit, um Ihre bescheuerte Familie dafür zu verfluchen, dass sie ihre Sprache hat aussterben lassen. дерьмо. Merda. Kuso.

Und was jetzt? Vielleicht geraten Sie in Versuchung aufzugeben. Die Klavier- und Turnstunden zu beenden, die Staffelei zu verkaufen und Ihre Kinder einfach zehn Stunden am Tag Zeichentrickfilme sehen zu lassen.

Keine Panik, Mama. Noch nicht.

GUTE CHINESISCHKENNTNISSE SIND NOCH KEIN GARANT FÜR ERFOLG

Schauen Sie sich die Bewerbung um die Präsidentschaftskandidatur in den USA im Jahr 2012 an. Jon Huntsman sprach Mandarin, lag aber in den Umfragen nie über einem Prozent. Er wurde von Mitt Romney aus dem Rennen geschlagen, der Französisch spricht – die Sprache eines untergegangenen Imperiums und der am wenigsten loyalen Provinz Kanadas. Ganz zu schweigen von George W. Bush, der im Grunde kaum Englisch spricht und trotzdem acht Jahre lang Präsident war.

Ihr Kind hat noch Chancen.

MELDEN SIE ES IN EINER SCHULE MIT BILINGUALEM ZUG AN

Egal, mit welcher zweiten Sprache. Hauptsache, es lernt eine.

MANCHE ZWEITSPRACHEN SIND BILLIGER ALS ANDERE

Es gibt wahrscheinlich keine höfliche Art auszudrücken, dass spanische Kindermädchen preiswerter sind als chinesische. Gerecht ist das nicht, aber eine Tatsache. Seien Sie kein Snob! Spanisch ist einfach! *Es muy fácil!* Es hat dasselbe Alphabet wie das Deutsche, sodass Sie bei den Hausaufgaben helfen können. Worauf warten Sie noch?

ES IST UNMÖGLICH, EIN KINDERMÄDCHEN ZU ÜBERWACHEN, DESSEN SPRACHE SIE NICHT VERSTEHEN

Es ist nicht davon auszugehen, dass das Kindermädchen Ihrer Freundin seinem Schützling den ganzen Tag *Die Kunst des Krieges* in der Originalsprache vorliest. Wenn es dem Kind überhaupt Chinesisch beibringt, dann wahrscheinlich Sätze wie »Deine Eltern schulden mir 2000 Euro für Überstunden« oder »Deine Mutter ist eine schlampige Hausfrau«. Den Rest der Zeit verbringt es damit, seinem Freund SMS zu schicken, genau wie ein spanisches Kindermädchen.

DEN GANZEN TAG EINE ZWEITSPRACHE ZU SPRECHEN, MACHT HUNGRIG

Regen Sie sich nicht auf, wenn Ihr Kind am Ende nur Deutsch spricht und auch sonst keine Qualifikationen vorzuweisen hat. Im zweiten Arbeitsmarkt gibt es immer mehr Arbeitsplätze für Deutsche ohne Berufsausbildung. Die nur Deutsch können. Das bedeutet, dass es für Ihr Kind immer Arbeit geben wird. Die 30 Zentimeter langen Sandwiches bei Subway belegen sich schließlich nicht von allein!

Denken Sie daran:

Ihrem Kind bleibt immer noch die Möglichkeit, in der Schule die Spanisch-AG zu besuchen. Fließend Spanisch sprechen wird es dadurch nicht, aber vielleicht wenigstens in der Dom Rep nach dem Weg fragen können. Das reicht ja auch.

28

Wie man mit sportlichen Müttern umgeht

Manchmal geht es nur noch darum, den Kopf einigermaßen über Wasser zu halten. Das Leben hat einem übel mitgespielt. Man versucht, wieder auf die Beine oder wenigstens auf die Knie zu kommen. In solchen Zeiten ist es in Ordnung, seine Freundschaften auf Mütter in einer vergleichbaren Situation zu beschränken. Frauen, die einem nicht ständig ihre mütterliche Kompetenz unter die Nase reiben. Oder ihre Bauchmuskeln.

Mütter, die regelmäßig Sport treiben und toll aussehen, sind eine Gefahr für Ihr seelisches Gleichgewicht. Sie laufen in Tank Top und engen Pants in ihrem Garten herum, und dort, wo sich die beiden Kleidungsstücke berühren sollten, sind zwei Zentimeter ihres Sixpacks zu sehen.

Eines Tages fragen Sie vielleicht eine dieser Mütter aus reiner Höflichkeit, worin ihr Geheimnis besteht. Ein Riesenfehler! Gehen Sie unter irgendeinem Vorwand wieder ins Haus. Sagen Sie, dass Sie gerade Ihre Periode bekommen haben! Sie sind in einer schlechten Verfassung. Das Letzte, was Sie jetzt hören wollen, ist:

»Ich laufe jeden Tag vor der Arbeit zehn Kilometer!«

Oh, mein Gott. Sie wohnen neben jemandem, der Prinzipien und Disziplin hat. Für manche Leute wäre das schon Grund genug umzuziehen.

»Das würde ich auch gern tun«, sagen Sie, »aber es geht leider nicht, weil ich so früh anfangen muss zu arbeiten.«

Guter Versuch. Und es ist nicht mal gelogen. Sie müssen um acht auf der Arbeit sein und davor die Kinder in den Kindergarten bringen. Das bedeutet, dass Sie um 7.30 Uhr im Auto sitzen müssen. Bis 7.30 Uhr Laufen zu gehen, zu duschen und die Kinder fertig zu machen, ist ein Ding der Unmöglichkeit. Gut, dass Ihnen das eingefallen ist.

Wenn die sportliche Mutter einen Funken Anstand hätte, würde sie Ihre Ausrede gelten lassen, die so bombenfest wie ihr Trizeps ist. Aber nein: »Ich auch! Ich muss um acht am Schreibtisch sein!«

Ein Schlag in die Magengrube. Na gut, sie hat es so gewollt. Laden Sie Ihre Ausredenkanone mit »Mein Mann hat mich verlassen«-Munition und zielen Sie auf ihren Kopf.

»Na ja«, sagen Sie, »ich bin alleinerziehend und muss die Kinder ganz allein für den Kindergarten fertig ...«

»Ich auch! Darum bin ich schon um fünf auf dem Laufband, bevor die Kinder aufwachen!«

Rückzug, Rückzug! Sie sind verletzt! Sie haben einen Fehlschuss abgegeben! Sie sind der örtlichen »Ich auch«-Mutter vor die Flinte gelaufen. Sie schlägt sich mit denselben Problemen herum wie Sie, schafft es aber trotzdem, Sport zu treiben. Und einen Roman zu lesen. Und das Abendessen aus frischen Zutaten zuzubereiten. Und sich mit Männern zu verabreden. Und alles andere, was Sie gerne tun würden, aber nicht auf die Reihe kriegen. Zumindest im Augenblick nicht.

Geben Sie auf. Legen Sie Ihre Waffe weg und kriechen Sie ins Haus zurück. Das Leben verläuft zyklisch, und Sie sind gerade an einem Tiefpunkt. Oder anders ausgedrückt: Manchmal sind Sie Deutschland vor dem zweiten Weltkrieg und manchmal

Deutschland danach. Wie Deutschland werden auch Sie wieder einen Aufschwung erleben.

> **Denken Sie daran:**
> Eines Tages werden Sie die sexy »Ich auch«-Mutter sein, der Ihre deprimierten Nachbarinnen aus dem Weg gehen.

Die »Ich auch, und«-Mutter

Noch demoralisierender als die »Ich auch«-Mutter ist die »Ich auch, und«-Mutter. Während die »Ich auch«-Mutter einfach eine bessere Version von Ihnen ist, führt die »Ich auch, und«-Mutter dasselbe Leben wie Sie – mit zusätzlichen Erschwernissen. Und das tut sie mit einer positiveren Einstellung. Sie ist eine Heilige. Sie sind eine Loserin.

Beispiele für ihre gut gelaunten Antworten auf Ihre Klagen:
- »Sie sind geschieden? Ich auch – und ich bekomme nicht mal Unterhalt für die Kinder!«
- »Ihr Kind ist autistisch? Meine Drillinge auch – alle sechs!«
- »Sie sind verheiratet und querschnittsgelähmt? Ich bin Single und vom Hals ab gelähmt!«

29

Alleinerziehende Mütter:
Sorry, aber niemand wird Ihnen trauen,
solange Sie nicht getraut wurden

»Es ist eine allgemein anerkannte Wahrheit, dass eine alleinstehende Frau im Besitz ihrer Kinder nichts dringender braucht als Schlaf.«
Stolz und Vorurteil, Band 2, in dem Mr. Darcy Elizabeth Bennet und ihre beiden Kinder wegen Caroline Bingley verlässt.

Jedes Buch über alleinerziehende Mütter lässt sich auf acht gelernte Lektionen reduzieren:

- Alleinerziehende Mutter zu sein ist schwer, aber nicht so schwer wie das Zusammenleben mit einem Arschloch.
- Vorsicht vor dem nächsten Liebhaber. Ihr Geschmack in Bezug auf Männer ist fragwürdig.
- Um es mit Serien-Ikonen der Achtziger und Neunziger Jahre auszudrücken: Ein Kind allein aufzuziehen, ist zu einem Prozent Murphy Brown und zu 99 Prozent Alice (*Imbiss mit Biss*).
- Die meisten verheirateten Frauen befürchten unbewusst, dass Sie sie mit Scheidungskeimen infizieren werden.
- Lernen Sie, grundlegende handwerkliche Arbeiten selbst auszuführen, oder bezahlen Sie jemanden dafür.
- Im Wahlkampf werden Sie von den Politikern benutzt – von den Rechten verteufelt und von den Linken zu Heldinnen hochstilisiert. Hinterher ändert sich nichts.

- Kopf hoch. Viele erfolgreiche Menschen wurden von alleinstehenden Müttern aufgezogen:

  a) Präsident Barack Obama

  b) Michael Phelps (acht Goldmedaillen bei ein und denselben olympischen Spielen)

  c) Louis C.K. (ungemein aktiver Komiker)

  d) Ted Bundy (ungemein aktiver Serienkiller)

- Eines Tages wird aus heiterem Himmel eine verheiratete Mutter etwas sagen wie: »Thomas ist beruflich so viel unterwegs, dass ich mir wie eine alleinerziehende Mutter vorkomme!«

  Diese Aussage ist unter Müttern die Entsprechung zur Ermordung von Erzherzog Ferdinand. Die schreckliche Stille, die danach folgt, könnte leicht in den Krieg münden, der das Ende aller Kriege sein würde. Unser Rat an beide Seiten:

  a) Alleinerziehende Mutter: Denken Sie daran, dass es strafbar ist, jemanden zu erwürgen, wie lächerlich seine Äußerungen auch sein mögen.

  b) Verheiratete Mutter: Halten Sie die Klappe. Halten Sie einfach die Klappe. Bevor Sie erwürgt werden.

  Und das ist der Unterschied zwischen einer alleinerziehenden Mutter und einer verheirateten Mutter, deren Mann drei Wochen pro Monat verreist ist: Der Ehemann kommt irgendwann zurück. Die alleinerziehende Mutter hat nie oder selten einen Tag frei. Es steht *Sehr erschöpft* gegen *Absolut am Boden*.

 Denken Sie daran:
Nehmen Sie sich vor Männern in Acht, die unbedingt Stiefvater werden wollen. Die Guten unter ihnen wissen, was für eine große Verpflichtung sie eingehen. Alle, die davor keine Angst haben, sind Blender.

Teil 7:

NAMAS
(Nicht-MAMAS)

30

Die Kollegin,
die ihren Hund für ein Kind hält

Manchmal lässt uns die Sprache im Stich. Der Mensch ist seit Zehntausenden von Jahren der Sprache mächtig, und doch sind wir außerstande, angesichts tragischer Ereignisse unser Mitgefühl zum Ausdruck zu bringen. »Mir fehlen die Worte«, sagen wir manchmal. Auch bei weniger traumatischen Ereignissen tritt unser sprachliches Unvermögen zutage, beispielsweise wenn die Kollegin sagt: »Willst du ein Bild von meinem Kleinen sehen?«, und dann ein Foto von ihrem Hund hervorholt.

Es hat keinen Sinn, sie auf die offensichtliche Schieflage ihrer Analogie hinzuweisen: Wenn man übers Wochenende wegfahren will, kann man sein Kind nicht einfach im Garten lassen und eine Nachbarin bitten, es zu füttern. Und man kann sein Kind auch nicht im Heim abgeben, weil es die Möbel ruiniert hat etc.

Das Schwierige ist, dass sie ihren Hund tatsächlich mehr liebt, als Sie Ihr Kind lieben. Den Beweis liefert ihr Arbeitsplatz im Großraumbüro. Wie viele Bilder Ihres Kindes haben Sie an die Trennwand geheftet? Eins, zwei, drei ... vier. Aha. Und Sie nennen sich Mutter?

Sehen wir uns den Arbeitsplatz Ihrer Kollegin an. An mehreren Pinnwänden aus Kork hängen etwa zwanzig Bilder eines Golden-Retriever-Labrador-Mischlings namens Nemo. Nemo bei der Halloween-Party, als Katze verkleidet. Nemo am Neujahrstag mit einer übergroßen »2007«-Brille. Nemo beim Anschauen von Tierfilmen.

Ihr Schreibtisch ist ein Friedhof aus gerahmten Bildern des Vorgängers von Nemo, eines weiteren Retriever-Labrador-Mischlings namens Timo. Obwohl Nemo und Timo mit bloßem Auge kaum zu unterscheiden sind, darf man sie nicht verwechseln. Weil sie so unterschiedlich sind:

»Timo zum Beispiel. Hast du einen Moment Zeit? Deine Besprechung fängt erst in fünf Minuten an, nicht wahr? Gut. Hol dir doch einen Stuhl. Timo – der mit dem grünen Halsband – hat soooo gern Eichhörnchen auf den Baum gejagt. Er hat sich unter den Baum gesetzt und gebellt. Manchmal hat er sogar versucht, auf den Baum zu klettern. Er hat nie eins gefangen, aber es immer wieder gern versucht. Nemo dagegen – das völlige Gegenteil! Nimmt Eichhörnchen gar nicht wahr. Hier auf dem Foto kann man es sogar sehen. Das ist Nemo im Park, und der buschige Schwanz hier hinter dem Busch gehört einem …? Richtig, einem Eichhörnchen. Aber Nemo ist das völlig egal. Schau dir nur mal sein Gesicht an. Als ob er sagen wolle: ›Ist mir schnuppe.‹«

Es verschlägt einem die Sprache.

Mütter können diesen unausgesprochenen Wettbewerb nicht gewinnen. Sie werden nie so viel über Ihr Kind wissen, wie die Nama über ihren Hund weiß, besonders, wenn es erst einmal den Führerschein gemacht hat.

 Denken Sie daran:
Hunde vergöttern uns, Kinder lassen uns vor die Hunde gehen.

Dinge, die andere Menschen mehr lieben als Sie Ihr Kind

Hundeliebhaber sind nicht die einzigen Menschen, die mehr lieben als eine Rabenmutter.

Justin Bieber

Fans von Justin Bieber empfinden eine so wahre und tiefe Liebe, dass Sie davor erzittern sollten. Vielleicht behaupten Sie, dass Sie bereit wären zu sterben, um Ihr Kind zu retten. Na toll. Ein Justin-Bieber-Fan würde sterben, um Justin Bieber aus der Nähe zu sehen. Nur um ihn zu *sehen*. Sie sehen Ihr Kind jeden Tag und sind deswegen noch nicht gestorben. Weil Sie nichts von Liebe verstehen.

Ihr erster Freund (der aus heutiger Sicht wohl total schwul war) und Ihre schwarzen Seidenstrümpfe

Haben Sie jemals das Gesicht Ihres Babys mit derselben Zärtlichkeit und Ehrfurcht liebkost, mit der Jörg (der Sie im Hinblick auf Sex merkwürdigerweise nie unter Druck gesetzt hat) Ihre schwarzen Seidenstrümpfe liebkost hat?

Ihr zweiter Freund (der sechs Jahre älter war als Sie) und sein Opel Manta

Ist Ihr Kind jemals so gründlich gewaschen worden, wie Ralf seinen Opel Manta jeden Samstagmorgen gewaschen hat? Lassen Sie uns diese Frage beantworten: Nein.

Der 45-jährige Junggeselle, der in Ihrer Straße wohnt, und seine *Star Wars*-Figuren

Sie haben sich erst einmal mit ihm unterhalten, aber er ist auf seine Boba-Fett-Action-Figur ganz offenkundig stolzer, als Sie es je auf Ihr Kind sein werden. Ist ja auch verständlich: Ihr Kind ist nur einer von sieben Milliarden Menschen auf dem Planeten. Aber diese spezielle Boba-Fett-Figur ist ein Sammlerstück.

31

Wie man die Freundschaft zu einer NAMA erhält, mit der man früher um die Häuser gezogen ist

Erinnern Sie sich noch an die Freundin aus Ihren Zwanzigern, die damals schon Mutter war? Die erschöpfte, ständig abgelenkte Freundin, die während einer Unterhaltung immer gleichzeitig mit ihren Kindern beschäftigt war? Sie riefen sie an, um über Ihren Freund zu reden, und sie sagte: »Oje, das tut mir leid – JENNY, LEG DAS SOFORT HIN! WILLST DU, DASS ICH RÜBERKOMME? Äh, sorry, also – JENNY, WILLST DU EINE AUSZEIT?«

Das sind Sie jetzt.

Babys beanspruchen Platz. Mit jedem Kind, das Sie bekommen, verschwinden etwa sechs Leute aus Ihrem Leben. Und welche das sind, können Sie sich auch nicht aussuchen. Eine gute Freundin zieht sich zurück, und Sie merken es erst, wenn Sie nicht zu ihrer Hochzeit eingeladen werden.

Sie sind eine Auswanderin. Sie haben der Alten Welt den Rücken gekehrt, um in Amerika ein neues Leben zu beginnen. Schauen Sie nicht mehr zurück, um zu erfahren, wie es Ihren Single-Freundinnen im guten alten England ergeht. Sie amüsieren sich köstlich und holen sich bei Liebhabern aus Adelshäusern die Syphilis. Geben Sie es auf, einen Frauenabend zu organisieren. Lassen Sie diese Frauen in Ruhe – sie kennen Sie nicht mehr. Sie haben die Lebensweise der Ureinwohner übernommen. Wie heißt dieses Zeug, das Sie essen – »Mais«?

Natürlich gibt es Freundschaften, die Sie erhalten wollen. Sie haben zwei Möglichkeiten:

SOZIALE NETZWERKE

Facebook gibt Ihnen die Möglichkeit, am Leben anderer Menschen teilzuhaben, ohne mit ihnen zu reden oder einen BH anzuziehen. Sie können quasi von zu Hause aus an Ihren Freundschaften arbeiten. Telefreundschaftspflege. Wenn eine alte Freundin ein Status-Update postet, klicken Sie auf »Gefällt mir«. Das reicht schon. Um was für einen Status es sich konkret handelt, ist egal. »Habe genug von *Let's dance*.« GEFÄLLT MIR. »Habe Pfannkuchen gegessen. Mir wird gleich schlecht.« GEFÄLLT MIR. »Eines muss man Hitler lassen – er hat gute Autobahnen gebaut.« GEFÄLLT MIR.

An dem »… gefällt das« erkennt sie, dass Sie an sie gedacht haben – zumindest vier Sekunden lang. Auch wenn Sie keine Zeit für ein Telefongespräch, einen Kaffee oder einen Ausgehabend haben, finden Sie immer Zeit für ein »Gefällt mir«.

ABWARTEN

Die frühen Auswanderer haben nie zurückgeschaut, aber andere Immigranten willkommen geheißen, die angesegelt kamen. Viele Ihrer kinderlosen Freundinnen werden eines Tages vor Ihrer Tür stehen – mit einem Kleinkind im Schlepptau.

 Denken Sie daran:
Wenn Ihren Freundinnen etwas an Ihnen liegen würde, würden sie auch schwanger werden.

Ja, so nervig waren Sie auch mal

Eines Tages werden Sie feststellen, dass Sie all die dummen
Sachen, die Sie als NAMA früher zu Müttern gesagt haben, jetzt
selber zu hören bekommen:

NAMA: »Ist sie jetzt zwei?«
SIE: »Nein, sie ist vier.«
NAMA: »Ach, Kinder sind überhaupt nicht mein Ding. Ich kann
nicht mal ein Baby von einem Kindergartenkind unterscheiden!«

Haha. Wie schön für sie, dass Kinder so gar nicht ihr Ding sind.
Wir Rabenmütter haben das Gefühl, dass sie den Unterschied
zwischen einem Baby und einem Kindergartenkind eines Tages
sehr genau kennen wird. Man braucht einfach nur abzuwarten.

....

NAMA: »Falls ich je Kinder haben sollte, werde ich [x].« Dabei
steht x für »ein Erziehungskonzept, das toll klingt, aber völlig
unpraktikabel oder aberwitzig ist«.

Beispiele für x:
- »nur Französisch mit ihnen reden«
- »den Fernseher abschaffen«
- »Stoffwindeln verwenden«
- »stillen, bis sich das Baby selber der Brust entwöhnt«
- »meinen Beruf aufgeben und zu Hause bleiben«
- »weitermachen, bis ich ein Mädchen bekomme«

....

NAMA: »Ich will keine Kinder.«

Ach, *die* olle Kamelle. Wird meistens ungefähr zwei Jahre vor
der Empfängnis im Brustton der Überzeugung ausgesprochen.
Weisen Sie Ihre NAMA-Freundin darauf hin, dass Schwanger-
schaften nicht dadurch verhindert werden, dass man keine
Kinder will.

32

»Kein Problem – bring dein Kind einfach mit! Das wird sicher lustig!«

Wissen Sie noch, wie Ihre Mutter Ihnen geraten hat, sie als Ausrede zu benutzen, wenn Sie sich von Ihren Freunden unter Druck gesetzt fühlten? »Schatz, wenn du nicht kiffen willst, sag deinen Freunden einfach, dass deine Mutter gewalttätig ist und dich schlägt, wenn du zugekifft bist.«

Ob Sie Ihren Rat tatsächlich befolgt haben oder nicht (sie war ja so naiv), ist nebensächlich. Es geht lediglich darum, dass Ihre Mutter bereit war, den Sündenbock zu spielen. Jetzt ist Ihr Baby an der Reihe. Statt Ihren Freunden zu sagen, dass Sie wegen Ihrer Mutter nicht können, geben Sie das Baby als Grund an.

Sie müssen nicht einmal den Satz zu Ende sprechen. Es versteht sich von selbst. Das Baby. Das verflixte Baby.

Ihr Baby ist vieles: eine Freude, ein Wunder, eine Nonstop-Fäkalienproduktion. Außerdem ist es der Joker, mit dem Sie um das Nickelback-Konzert herumkommen. Die beste Ausrede, seit der Hund die Hausaufgaben gefressen hat. All die bescheuerten Dinge, die Sie getan haben, nur weil Sie nicht nein sagen konnten? Jetzt ist Schluss damit. Ihr Baby verleiht Ihnen das Rückgrat, das Sie sich immer gewünscht haben, und zwar, indem es Sie aussaugt.

Ein Baby zu bekommen, ist die weibliche Entsprechung zur Enterbung eines reichen Mannes. Jetzt können Sie herausfinden, wer Ihre wahren Freundinnen sind.

Es dauert eine Weile, bis man die Spreu vom Weizen getrennt hat. Die Schlechten haben kein Verständnis dafür, dass sich Ihr Leben völlig verändert hat. Eine lädt Sie ein, die Band ihres Freundes live spielen zu sehen. Eine andere lädt Sie in eine Kunstgalerie ein. Beide führen Ihre ersten beiden Ablehnungen auf zeitweilige geistige Mutterschafts-Umnachtung zurück. Bei der dritten Ablehnung werden sie misstrauisch, und bei der vierten sind sie weg. In ihren Augen haben Sie sie im Stich gelassen. Es ist Ihnen sogar egal, dass Jenny es mit einem Schlagzeuger treibt, weil Sie so von Ihrem verdammten Baby in Beschlag genommen werden.

Auf solche Freundinnen können Sie verzichten. Je schneller sie sich verziehen, diese zufriedenen, ausgeruhten, schlanken NAMAs, desto besser. Und sie brauchen erst wiederzukommen, wenn sie bleich und im siebten Monat sind.

Aber dann ist da noch die eine Freundin, die sich weigert, von der Bildfläche zu verschwinden. Die Freundin, die sagt: »Kein Problem – bring dein Kind einfach mit! Das wird sicher lustig!«

Ihre Ahnungslosigkeit kann einen auf die Palme bringen. Sie macht Ihnen die wachsende Distanz zwischen Ihnen und Ihrem bisherigen Leben bewusst. Ihre Freundin glaubt, dass es »Spaß mache«, das Baby in eine Weinbar mitzunehmen, in der sonntagnachmittags Live-Musik gespielt wird. Sie wissen, dass es die Hölle sein wird: Möhrenbrei, Trinkbecher, Windeln, Feuchttücher, Ersatzklamotten ... In einer Weinbar. Was für ein Spaß. Haha.

Machen Sie dem ein für alle Mal ein Ende, indem Sie das Angebot Ihrer Freundin annehmen. Sagen Sie ja. Bringen Sie Ihre Zweijährige mit und sorgen Sie dafür, dass sie keinen Mittagsschlaf hatte. Lassen Sie die Höllenhunde eines kindlichen Brüllanfalls los. Lassen Sie die Schreie Ihres Kindes neue Nervenbahnen in das Schmerzzentrum im Gehirn Ihrer Freundin ätzen. Führen Sie

Ihrer Freundin Ihr neues Leben vor Augen. Laut. Anstrengend. Peinlich. Endlos.

Sie wird nie wieder etwas Derartiges vorschlagen.

 Denken Sie daran:
Es ist in Ordnung zu sagen: »Welchen Teil von ›Nein, ich habe ein Kind, ruf mich in achtzehn Jahren wieder an‹ verstehst du nicht?«

Regeln für NAMAS, die einfach nicht verschwinden wollen

Sie sind also die NAMA, von der hier die Rede war. Die NAMA, die einen Wink mit dem Zaunpfahl nicht versteht. Die NAMA, die nicht zulässt, dass ihre beste Freundin sie im Stich lässt und sich auf die Babyinsel verzieht. Obwohl Ihre Freundin unseren Rat befolgt und mit ihrer Zweijährigen Ihre schöne Weinprobe für Singles ruiniert hat.

Ihre Hartnäckigkeit ist bewundernswert. Sie haben ein gutes Herz, und, ehrlich gesagt, verdient sie Sie nicht. Sie wird immer wieder versuchen, Ihnen die gute Laune zu verderben. Ihnen bleibt nur, etwas zur Unterhaltung ihres Babys beizutragen, wenn Sie das nächste Mal darauf bestehen, dass Sie es zum Mittagessen mitbringt. Versuchen Sie, wenigstens eines der folgenden Dinge in Ihrer schicken kleinen Handtasche unterzubringen:

- **Buntstifte**: Kinder haben immer Lust zu malen. Und Sie können vielleicht – aus purem Übermut – eines Tages Ihren Kreditkartenbeleg in Orange oder Grün unterschreiben.

- **Münzen**: Es macht Spaß, sie aufeinanderzustapeln oder zu zählen. Da es auch Spaß macht, sie runterzuschlucken, sind sie nicht für Babys geeignet.

- **Feuchttücher**: Kinder wischen gern Dinge ab (außer ihrer Nase, wenn sie läuft). Bringen Sie eine kleine Box Feuchttücher mit, und Ihr Tisch wird glänzen.

- **Schlüssel und Smartphone**: Wenn Sie alle bisher genannten Gegenstände vergessen, aber Schlüssel und Smartphone mitgebracht haben, sind Sie bestens gerüstet. Das Baby wird von den Schlüsseln und seine Mutter vom Smartphone begeistert sein.

Teil 8:

Es ist keine Paranoia – Ihr Baby mag wirklich keiner

33

Trotzanfälle im Supermarkt/Kaufhaus/Klamottenladen

Kinder kündigen es an. Ihre Augen werden ausdruckslos und leer wie die eines Killers. Ihre Gliedmaßen zucken, und ihre klebrigen Hände suchen fieberhaft nach Haaren, an denen sie ziehen können. Sie fangen an, »Nein!« und »Das kann ich ALLEIN!« zu brüllen. Ihnen bleiben nur Sekunden, um zu entscheiden, ob Sie das, was Sie gerade tun, zu Ende bringen oder den Rückzug antreten wollen.

Es kommt darauf an, wo Sie sich gerade aufhalten. Sollten andere Menschen der Brüllattacke Ihres Kindes ausgeliefert werden? Nicht im Kino, im Restaurant oder in der Kirche. Im Grunde an keinem Ort, an dem man Eintritt zahlt. (Eine Opfergabe ist auch eine Art von Eintritt – in den Himmel.) Seien Sie kein Fiesling und verderben Sie nicht anderen Leuten den Spaß. Ja, es ist ätzend, aber es geht vorbei. Bevor Sie wissen, wie Ihnen geschieht, hat sich Ihr Kleinkind zu einem schmollenden Teenager gewandelt, der sich weigert, sich in der Öffentlichkeit mit Ihnen sehen zu lassen. Dann haben Sie es geschafft.

Befinden Sie sich aber in einem Einkaufszentrum oder einem Laden, der Sachen für Kinder verkauft, ist es Zeit für Ihren Auftritt. Sprechen Sie sich von aller Schuld frei. Immerhin versuchen die Läden ja die ganze Zeit, die Aufmerksamkeit Ihres Kindes zu erregen. Im Grunde wollen die Ladenbesitzer, dass Ihr Kind Sie terrorisiert, bis Sie zu erschöpft sind, um sich zu wehren. Sie ordnen ihre Waren so an, dass Ihr Kind hundertmal »Ich will« sagt, bis Sie »Na gut« seufzen und ihm die Puppe, die Actionfigur oder den Schokoriegel kaufen. Läden bekommen das, was sie verdienen.

Supermärkte sollten Alarmknöpfe haben, die Mütter drücken können, wenn sie die ersten Warnzeichen erkennen. Idealerweise sollte ein geflügelter Mitarbeiter Sie, Ihr Kind und den vollen Einkaufswagen zum Parkplatz fliegen. Während Sie Ihr Kind anschnallen, würde der Mitarbeiter Ihre Einkäufe eintippen und sie anschließend ins Auto laden. Und wenn wir schon beim Fantasieren sind: Es wäre schön, wenn alle Trotzanfälle im Dessousladen auftreten würden. Damit deren Kunden sich klarmachen, dass Dessous Konsequenzen haben.

Vielleicht haben Sie das Gefühl, dass Sie gehen sollten, bevor sich jemand anderes um die Sache kümmert. Sie befürchten, dass alle Sie beobachten und für eine schreckliche Mutter halten. Nun, das tun sie tatsächlich. Was die anderen Leute aber nicht wissen, ist, dass Sie eine Dienstleistung erbringen. Ihr Kind ist eine öffentliche Bekanntmachung in Bezug auf die Elternschaft. Dank Ihres Einsatzes schießen die Kondomverkäufe in die Höhe. In der Schreibwarenabteilung findet ein Run auf die Textmarker statt, die von jungen Frauen gekauft werden, die sich »Pille nehmen!« auf den Handrücken schreiben. Alles nur, um nicht so wie Sie zu werden: ein in die Enge getriebenes, hilfloses Geschöpf im Einkaufszentrum. Ihr Kind unterstützt die Binnenwirtschaft. Klopfen Sie ihm auf die Schulter, sobald es aufgehört hat, sich auf dem Boden zu krümmen. Wenn die Leute Sie nicht für eine schreckliche Mutter halten, halten sie die Mutterschaft für etwas Schreckliches.

Falls Sie sich weigern nachzugeben, werfen Sie einen Blick in

Ihre Tasche. Haben Sie etwas zu essen dabei? Nein? Können Sie etwas aus dem Regal nehmen und dann an der Kasse bezahlen? Dann tun Sie das. Und kaufen Sie in der Schreibwarenabteilung einen Textmarker und schreiben Sie »Essen mitnehmen!« auf Ihren Handrücken.

 Denken Sie daran:
Schläge helfen einem zwar, sich abzureagieren, erhöhen aber den Geräuschpegel. Außerdem ist es nicht fair, ein Kind dafür zu schlagen, dass es müde oder hungrig ist. Sparen Sie sich die körperliche Gewalt für einen besonderen Anlass auf, etwa wenn es Ihr Auto zu Schrott fährt oder an Ihren Alkoholvorrat geht.

Wenn Ihr Kind die Tatsache kommentiert, dass die Frau vor Ihnen in der Warteschlange es wohl 2004 aufgegeben hat abzunehmen

Wenn Ihr Kind sich nicht schreiend auf dem Boden wälzt, bringt es Sie in Verlegenheit, indem es auf übergewichtige Kunden zeigt und sagt: »Mama, die Frau ist fett!« Dabei ist es wichtig festzuhalten, dass Ihr Kind nicht versucht, gemein zu sein, sondern einfach das ausspricht, was Sie und alle anderen Erwachsenen insgeheim denken. Kinder sind geborene Profiler.

Was tun?

Sie können nicht von Ihrem Kind verlangen, dass es nicht wahrnimmt, dass jemand dick, groß, klein, kahlköpfig, stark behaart, weiß oder schwarz ist. Sonst würde es zu einem furchtbar schlechten Polizisten oder erfolglosen Romanautor heranwachsen und wäre außerstande, Witze zu erzählen, bei denen es darum geht, dass drei verschiedene Menschentypen gleichzeitig eine Bar betreten. Aber Kinder müssen lernen, dass es unhöflich ist, jemandem ins Gesicht zu sagen, dass er fett ist. Dass man solche Dinge um Himmels willen erst sagt, wenn der Betreffende außer Hörweite ist.

Die Sozialisierung in einer westlichen Kultur beinhaltet ständiges Lügen. Wir verzichten nicht nur darauf, einer dicken Frau zu sagen, dass sie dick ist, sondern wir fragen sie auch noch, ob sie abgenommen hat. Besonders dann, wenn es offenkundig nicht der Fall ist. Sieht Ihre frisch geschiedene Freundin schrecklich aus? Beteuern Sie ihr, dass sie nie besser ausgesehen hat, und fragen Sie sie nach ihrem Geheimnis. Manche Gedanken müssen unausgesprochen in unserem Kopf bleiben, wie Tiere eingesperrt, bis sie freigelassen werden können. So werden Verträge geschlossen, Gesetze verabschiedet und Abkommen unterzeichnet. Man wartet, bis der alte Mann den Raum verlassen hat, bevor man Bemerkungen über seinen Buckel macht. Man wartet, bis der iranische Präsident die UN-Vollversammlung verlassen hat, bis man sagt: »Wenn dieser Verrückte glaubt, dass wir ihn Atombomben bauen lassen, hat er sich geirrt.«

34

Der Babysitter muss nicht perfekt sein – es reicht, wenn er pünktlich kommt

Wenn Sie sich nach einem Babysitter umsehen, haben Sie entweder gerade Ihr erstes Baby bekommen, oder Ihr bisheriger Babysitter hat gekündigt. Auf jeden Fall müssen Sie schnell jemanden finden.

- **Verlassen Sie sich nicht auf Ihre Freundinnen**: Niemand tritt einen guten Babysitter ab. Wenn eine »Freundin« ihren empfiehlt, ist er sicher ihre dritte Wahl. Der Ersatz für ihren Ersatzbabysitter. Der Babysitter, der mit »Nicht essen« beschriftete Lebensmittel isst und auf einen anderen Fernsehkanal umschaltet, obwohl der Recorder läuft, sodass das Staffelfinale von *Grey's Anatomy* nach drei Minuten abbricht und Sie stattdessen *Die Geissens* sehen. Sie bekommen die schlampige zweite Wahl anderer Leute. Der Spitzenbabysitter, der immer rechtzeitig eintrifft und sich nicht beklagt, wenn Sie zu spät nach Hause kommen, bleibt ihr Geheimnis – wie eine Teenagerschwangerschaft in den Fünfziger Jahren.

  Sie sind auf sich allein gestellt. Sie sind Scarlett O'Hara, nachdem Rhett ihr auf dem Weg nach Tara den Laufpass gegeben hat. Die hilflose Melanie stillt in Ihrem Wagen, und Sie lenken eine dem Tod geweihte Mähre durch Yankee-Gebiet.

- **Nehmen Sie Ihre Nachbarschaft in Augenschein**. Gibt es in Ihrer näheren Umgebung eine clevere Dreizehnjährige oder eine Fünfzigjährige, deren Kinder aus dem Haus sind? Treffen Sie eine kluge Wahl, da sich diese Person stundenlang unbeaufsichtigt in Ihrem Haus aufhalten wird. Sie findet vielleicht Ihre Steuerbescheide oder Ihre(n) Vibrator(en). Sie könnte die Schere auf dem Wickeltisch fotografieren und die Bilder per Twitter an den Kinderschutzbund senden. Sie liefern sich ihr völlig aus.

- **Inserieren Sie auf www.quoka.de**: Überlegen Sie sich, bevor Sie die erste Antwort öffnen, wie wichtig es ist, dass der Babysitter die deutsche Sprache perfekt beherrscht.

- **Diskriminieren Sie nach Geschlecht**: Ungesetzlich? Ja. Aber Sie sind schließlich keine Bundesbehörde. Niemand wird davon erfahren. Es ist zwar nicht so, dass Männer grundsätzlich nicht als Babysitter zugelassen werden sollten, aber wir Rabenmütter sind der Meinung, dass Männer auf www.quoka.de nicht als Babysitter zugelassen sein sollten. Was ist, wenn er nur deshalb auf »Kinderbetreuung« geklickt hat, weil er unter der Rubrik »Erotik« keine Antworten bekommen hat?

- **Senken Sie Ihre Ansprüche**: Es wäre toll, wenn Babysitter sich auf den Boden setzen und sich mit ihren Schützlingen beschäftigen würden. Aber wenn man bedenkt, wie sehr Ihr Kind Sie langweilt, wäre es vermessen zu erwarten, dass es Ihrer Babysitterin Spaß machen wird, mit ihm auf dem Boden mit Legos zu spielen. Wenn sie etwas mit den großartigen Babysittern der Siebziger Jahre gemeinsam hat, spielt sie mit Ihrem Kind, bis Sie rückwärts aus Ihrer Einfahrt gestoßen sind. Dann lässt sie die Spielsachen fallen und lässt Ihr Kind fernsehen, während sie drei Stunden lang mit ihrem Freund telefoniert. Genau, wie es der liebe Gott vorgesehen hat.

Denken Sie daran:

Babysitter leben in einer Welt, in der »Nicht essen«
»Bitte essen« bedeutet und »Bitte um acht hier sein«
»Zehn nach acht simsen, dass es später wird«.

35

Ja, der Babysitter
fällt ein Urteil über Sie

Erst gestern waren Sie noch 16 und gingen samstagabends mit Ihren Freunden aus. Sie schauten Zeitschriften an, hörten Musik und knutschten mit Jungs. Die vereinbarte Zeit nahte heran, und Sie riefen Ihre Mutter an und bettelten, nur dieses eine Mal länger als bis zehn wegbleiben zu dürfen. Sie sagte nein, und Sie beendeten das Treffen mit David, das heißt, Sie zogen seine Hand aus Ihrem BH und knöpften Ihre Bluse zu. Sie kamen fünf Minuten zu spät nach Hause, und Ihre Mutter saß auf der Couch und wartete auf Sie. Mies gelaunt. Sie stürmten in Ihr Zimmer und malten sich das Leben nach Ihrem achtzehnten Geburtstag aus. Sie würden die ganze Nacht wegbleiben. Jede Nacht. Für den Rest Ihres Lebens.

Seither sind ein paar Jahrzehnte vergangen. Sie sind jetzt Mutter. Eine erwachsene Frau. Sie haben einen Beruf, zahlen Miete, haben ein Kind in die Welt gesetzt. Allein dafür verdienen Sie schon einen gewissen Respekt. Und jetzt ist Samstagabend. Sie sind mit einem Mann essen. Sie tragen hochhackige Schuhe, die Ihren Füßen wehtun, und die untere Hälfte Ihrer Beine ist rasiert. Das Abendessen war toll. Der Wein tut seine Wirkung, der Mann ist attraktiv, und es spielt eine Band. Es ist fast zehn Uhr. Sie sind noch nicht fertig.

Oh, doch.

Ihre jugendliche Babysitterin hat gerade auf Ihre SMS geantwortet. Nein, Sie können nicht länger als bis zehn wegbleiben. Sie muss morgen früh zu einem Leichtathletikwettkampf. Sie muss bei zwei Läufen als Erste antreten, und das hat sie Ihnen auch gesagt, als sie den Job angenommen hat.

»Bitte wie vereinbart um 10 zurück sein«

Sie sind um 22.15 Uhr zu Hause. Sie und ihre Mutter, von der sie abgeholt wird, sitzen auf der Couch und warten auf Sie. Angesäuselt, wie Sie sind, entschuldigen Sie sich wortreich und bezahlen sie bis elf, aber das reicht nicht, um den missbilligenden Blick aus ihren Augen verschwinden zu lassen. Sie sind eine miese Mutter, die ihre Kinder nicht zu Bett bringt und betrunken nach Hause kommt. Und zu spät.

Babysitter werden wie Prostituierte in bar für etwas bezahlt, das Sie normalerweise gratis tun. Und sie müssen nicht einmal einem Zuhälter seinen Anteil geben. Babysitter halten alle Trümpfe in der Hand. Das Einzige, was Ihnen bleibt, ist, Ihre Schuldgefühle wegen des Ausgehens etwas abzumildern.

- **Sie dürfen Ihre Kinder allein lassen**: Sie müssen Filme sehen, Karaoke singen und mit dem eigenen Ehemann oder dem heißen Typ von der Arbeit zu Abend essen.
- **Beschäftigen Sie mehrere Babysitter**: Und achten Sie darauf, dass sie sich nicht kennen. Wählen Sie sie aus unterschiedlichen Altersgruppen, sozialen Schichten und Kulturen aus. Bestellen Sie sie abwechselnd ein. Wenn Sie vier Abende hintereinander ausgehen, beschäftigen Sie mindestens zwei Babysitter.

Mehrere Babysitter fördern den IQ Ihrer Kinder. Sie lernen, alle möglichen Frauen dazu zu überreden, sie länger als bis neun aufbleiben zu lassen. Das ist Küchenkabinett-Politik – so werden Präsidenten gemacht. Das Kind, dem es gelingt, einen koreanischen Teenager, eine Oma und eine Kamerunerin mittleren Alters dazu zu überreden, seine Schlafenszeit um zwei Stunden zu verschieben, wird als Erwachsener die Welt regieren.

 Denken Sie daran:
Was immer der Grund dafür ist, dass Sie einen Babysitter brauchen: Es geht niemanden etwas an.

36

Gottverdammte Babys
im gottverdammten Flugzeug

Sie sind an einem schrecklichen Ort (Flugzeug) mit schrecklichen Menschen (Passagieren) eingesperrt, die Sie hassen werden, obwohl es schließlich nicht Ihre Schuld ist, dass sie sich keinen kinderfreien Privatjet leisten können.

- **Es ist ganz normal, dass Babys im Flugzeug weinen**
  Ihre Trommelfelle tun weh, und sie besitzen noch nicht die motorischen Fähigkeiten, um den Trick mit dem »Nasezuhalten« anzuwenden. Weinen ist in jedem Alter eine angemessene Reaktion auf Schmerz. Genau genommen sollten die Babys im Flugzeug verteufelt werden, die *nicht* weinen. Was sind das für Babys, die die Schmerzen im Innenohr verschlafen? Furchteinflößende Babys! Gefährliche Babys! Babys mit Eis in den Adern und einem Herzen aus Stein. Auch wenn Sie jetzt leiden – denken Sie daran: Ein Baby, das im Flugzeug weint, wird Sie als Erwachsener nicht im Schlaf ersticken.
- **Versuchen Sie, Ihr Baby zu beruhigen**
  Füttern Sie es, wiegen Sie es, singen oder lesen Sie ihm etwas vor. Prüfen Sie die Windel. Sie kennen das ja. Wahrscheinlich wird nichts davon funktionieren, aber Ihr Eifer hinterlässt einen positiven Eindruck, und das wahre Problem ist hier ja nicht Ihr weinendes Baby ...

- **Das wahre Problem sind die anderen Passagiere**

  Außer von ein paar verständnisvollen Omas werden Sie von dem Augenblick an, in dem Sie als Erste ins Flugzeug steigen, beschimpft werden. Hipster verdrehen die Augen, und Geschäftsleute fangen an, Gin Tonics runterzuschütten, als ob sie für *Mad Men* gecastet worden wären.

- **Sie brauchen sich nicht zu schämen**

  Eines Tages gehen alle diese Deppen in Rente. Sie informieren sich über den Stand ihres Rentenkontos und stellen fest, dass es nicht reichen wird, weil sie zu viel für Dinge wie Flugreisen und Getränke auf Flugreisen ausgegeben haben. Und wovon werden sie dann leben müssen? Sozialhilfe. Aus den Steuern finanziert, die Ihrem weinenden Baby dann vom Gehalt abgezogen werden. Statt sich in Ihren Sitz zu ducken, sollten Sie Ihre Mitreisenden als das sehen, was sie sind: Schmarotzer, die ihre letzten Jahre damit zubringen werden, auf Kosten Ihres Babys zu leben.

- **Blenden Sie sie aus**

  Setzen Sie Ihre geräuschdämpfenden Kopfhörer auf und drehen Sie die Musik auf, die Ihnen das Gefühl gibt, wieder jung zu sein.

- **Und was ist mit einem leichten Schlafmittel?**

  Ja, mit einem leichten Schlafmittel wird Ihr Baby schlafen. Aber ist das nicht langweilig? Schließlich könnte man jedes Problem mit ein paar Tropfen oder Pillen lösen. Wir hätten es uns einfach machen und dieses Buch *Alkohol und Schlaftabletten* nennen können. Kommen Sie, es gibt doch Mittel und Wege außerhalb des Arzneischranks.

ACH, ICH BRAUCHE DIESES KAPITEL GAR NICHT, WEIL ICH EIN IPAD HABE

Wie schön für Sie. Alle Ihre Probleme sind gelöst. Aber wissen Sie was? Batterien werden leer, und Flugzeuge sitzen manchmal auf der Startbahn fest. Stundenlang. Und iPads packen sich nicht von allein ein. Bringen Sie es ruhig mit, aber rechnen Sie – wie bei allen sicheren Dingen im Leben – damit, dass es streikt, wenn Sie es am dringendsten brauchen.

 Denken Sie daran:
Die nervigen Passagiere waren selbst einmal nervige Babys, die Flüge ruinierten. Und das waren nicht die miesen Flüge von heute, sondern wunderbare Flüge mit herausgeputzten Stewardessen, kostenlosen Notsitzen in der ersten Reihe und einem Raucherbereich. Die haben Nerven, Sie zu kritisieren!

Wie Sie Ihr Kind davon abhalten, gegen den Vordersitz zu treten

Wir saßen einmal vor einer Mutter, die ihr Kind nicht davon abhielt, gegen unseren Sitz zu treten, und hatten noch tagelang Rückenschmerzen. Seien Sie eine Rabenmutter, aber nicht so eine fiese Rabenmutter.

- Gehen Sie mit Ihrem Kind im Mittelgang auf und ab. Dabei verbrennt es Energie, und Sie können Ihren Feinden direkt ins Auge sehen.
- Ziehen Sie ihm die Schuhe aus. Dann ist es schmerzhafter, gegen den Vordersitz zu treten. (Und dem Fluggast in der Reihe vor Ihnen tut es weniger weh.)
- Setzen Sie sich auf seine Füße. Wenn Sie schwer sind – umso besser. Machen Sie sich das Übergewicht aus der Schwangerschaft zunutze.

37

Wie Sie es schaffen, der Arbeit fernzubleiben, ohne zuzugeben, dass Ihr Kind krank ist

Ihr Kind ist krank. Zu krank, um einer Erzieherin etwas vorzumachen. Es muss zu Hause bleiben. Und Sie leben nicht in Schweden oder Dänemark, wo einem das leicht gemacht wird. Sie leben in Deutschland, wo Sie leicht durch jemanden ersetzt werden können, der keine Kinder hat. Oder jemanden, der Kinder hat, die keine Grippe bekommen. Oder jemanden, der Kinder mit Grippe hat und keine Skrupel hat, sie in den Kindergarten zu schicken.

Ja nach Ihrer ehelichen oder Co-Erziehungsberechtigten-Situation haben Sie zwei Optionen:

- **Lassen Sie den Vater auf Ihr Kind aufpassen**
  Die Chancen stehen ziemlich gut, dass es seiner Karriere weniger schadet als Ihrer, wenn er sich um sein krankes Kind kümmert. Die Kolleginnen finden es immer bewundernswert, wenn Männer gute Väter sind:

  KOLLEGIN 1: »Ach, ist er nicht toll? Springt ein und kümmert sich um seine Kinder.«
  KOLLEGIN 2: »Die armen Kinder. Haben eine Mutter, der sie egal sind.«
  KOLLEGIN 1: »Es ist eine Schande. Vielleicht verlässt er sie eines Tages, den Kindern zuliebe.«

KOLLEGIN 2: »Na, wenn er das tut, kann er seinen hübschen Hintern gern zu mir bewegen.«

KOLLEGIN 1: »Das kannst du laut sagen.«

Wenn Sie eine gute Mutter sind, führt dies zur gegenteiligen Reaktion:

KOLLEGIN 1: »Ach, sie behauptet, ihr Kind sei krank. Also bitte. War ihr Kind nicht erst letztes Jahr krank?«

KOLLEGIN 2: »Ja. Ich frage mich, ob sie es krank macht. Oder vielleicht hat sie das Münchhausen-Syndrom?«

KOLLEGIN 1: »Haha! Wenn dieses Kind jeden Winter die Grippe bekommt, sollte sie zu Hause bleiben, bis es mit der Schule fertig ist.«

KOLLEGIN 1: »Genau. Und vielleicht kann sie dann auch ihren fetten Hintern wieder in Form bringen.«

KOLLEGIN 2: »Das kannst du laut sagen.«

- **Sie bleiben zu Hause, sagen aber niemandem, warum**
Eigentlich wäre es am besten, wenn Sie in die Vergangenheit reisen und niemandem sagen würden, dass Sie überhaupt ein Kind haben. Besonders, wenn Sie alleinerziehend sind. Niemand will hören, wie schwer es ist oder wie müde Sie sind. Das ist *dein* Problem, Schwester. Für verheiratete Mütter und Single-NAMAS sind Sie das Worst-Case-Szenario. Sie schauen Sie an und denken: »Gott sei mir gnädig und erspare mir das.«

NIEMAND IST AUF IHRER SEITE

- **Männer ohne Kinder** wollen nicht daran erinnert werden, dass Kinder existieren. Die meisten wollen nicht einmal daran erinnert werden, dass Frauen überhaupt schwanger werden

können. Sie sind in der »Hurenphase« ihres »Madonnen-/
Hurenkomplexes«.

- **Männer mit Kindern** wollen schon ihre eigenen Kinder nicht
  nach Saft quengeln hören, geschweige denn Ihre.
- **Ältere Frauen mit Kindern** nehmen Ihnen übel, dass Sie
  damit durchkommen. Damals in den Neunzigern manövrierte
  man sich auf das berufliche Abstellgleis, wenn man bei einem
  kranken Kind zu Hause blieb. Sie haben es so verdammt einfach.
- **Ihre Ausrede darf auf keinen Fall der Wahrheit entspre-
  chen:** Bei einem Vergleich der Dinge, für die Frauen insgeheim
  gehasst werden, rangiert das Zuhausebleiben bei einem kranken Kind eine Stufe über dem Kinderlos-und-glücklich-Sein.
  Sie werden dafür abgestraft, und sei es auf subtile Weise. Sie
  müssen lügen. Aber bitte täuschen Sie keine Todesfälle vor. Sie
  sind nicht mehr in der Grundschule und zu alt, um eine ster-
  bende Großmutter zu haben. Hier ein paar Vorschläge:

  a) Verpflichtung als Schöffin: Das ist narrensicher. Solange
  Ihr Chef keine schriftliche Bescheinigung verlangt.

  b) Irgendwas Finanzielles: Notartermin wegen Hauskauf,
  Termin beim Steuerberater. Eine Überprüfung durch das Fi-
  nanzamt funktioniert besonders gut, weil die meisten Leute
  glauben, dass nur Siegertypen oder Männer die Aufmerksamkeit des Finanzamts auf sich lenken.

  *c) Wenn Sie unter vierzig sind oder sich dafür ausgeben,
  können Sie so tun, als ob Sie nach einer wilden Nacht einen
  Kater hätten:* Das lässt Sie jung und nicht wie eine Mutter
  erscheinen. Was zugegebenermaßen immer noch 100 Prozent
  weniger sexy ist, als Vater zu sein.

Wenn Sie Glück haben:

- **Freunden Sie sich mit einer nicht berufstätigen Mutter an und schlagen Sie ihr vor, sich gegenseitig auszuhelfen**. Oder bezahlen Sie sie. Diese Frauen bekommen keinerlei Entschädigung und nicht genug Respekt.
- **Nehmen Sie einen »Babysitter-Notdienst« in Anspruch**. Die sind teuer, geben Ihnen aber die Möglichkeit, sich die Lügen für den Fall aufzusparen, dass Sie wirklich einen Kater haben oder eine Prüfung des Finanzamts ins Haus steht.

 Denken Sie daran:
Wie verständnisvoll sich Ihre Kollegen auch zeigen mögen – es ist eine Lüge! Und es gibt nur eine Möglichkeit, einer Lüge zu begegnen, und zwar mit einer weiteren Lüge.

Wie man einen Job als Sprechstundenhilfe bei einem renommierten Kinderarzt bekommt

- Man muss in der Lage sein, einen Elternteil aufzufordern, »bitte noch Platz zu nehmen«, ohne Augenkontakt herzustellen.

- Man muss in der Lage sein, in jeder Situation die Frage »Haben Sie sich angemeldet?« anzubringen.

    »Entschuldigung, aber ich warte schon seit über einer Stunde.«
    »Haben Sie sich angemeldet?«

    »Entschuldigung, aber ich glaube, das Fieber meines Babys ist gestiegen, seit wir hier sind.«
    »Haben Sie sich angemeldet?«

    »Entschuldigung, aber hinter Ihnen steht ein Mann mit einem Messer, der sagt, dass er mehrmals auf Sie einstechen wird, wenn Sie mich noch einmal fragen, ob ich mich angemeldet habe.«
    »Haben Sie sich angemeldet?«

- Man darf keine menschlichen Gefühle zum Ausdruck bringen, es sei denn, der Elternteil hat kein Geld für die Zuzahlung dabei. Und das einzige akzeptable Gefühl ist Verärgerung.

- Man darf einem Elternteil nicht sagen, dass der Doktor spät dran ist, besonders nicht, wenn der Elternteil fragt, ob der Doktor spät dran ist. Stattdessen sollte man sich nochmals vergewissern, dass sich der Elternteil angemeldet hat.

Teil 9:

Peinliche Unterhaltungen

38

Wie man die Situation rettet, nachdem man einer dunkelhäutigen Mutter das falsche dunkelhäutige Kind zugeordnet hat

Hinweis: *Rabenmütter* richtet sich zwar prinzipiell an Mütter jeglicher ethnischen Zugehörigkeit, Nationalität und Sexualität und jeden Geschlechts, aber das folgende Kapitel wurde ausschließlich für weiße Mütter, wohlmeinende weiße Mütter, geschrieben.

Wir wollen zunächst festhalten, dass Sie ein guter Mensch sind. Sie haben nur die allerbesten Absichten. Es gefällt Ihnen, dass Ihre Kinder sich mit Kindern aus anderen Herkunftsländern anfreunden. Dem schwarzen Kind, dem russischen Kind, dem koreanischen Kind und dem Kind unklarer ethnischer Herkunft (Arabisch? Türkisch? Italienisch?) mit den dunklen Locken, das in Ihrer Straße wohnt. Alles wunderbar! Sie sind der vollen Überzeugung, dass kulturelle Vielfalt weltoffene Kinder hervorbringt, die es in einem Europa, in dem Weiße ohne Migrationshintergrund bald nicht mehr die Mehrheit darstellen werden, zu etwas bringen werden. Hut ab!

Und nun sitzen Sie hier in der Sporthalle und schauen von der Bank aus Ihrer Tochter beim Bodenturnen zu. In ihrer Gruppe sind zwei dunkelhäutige Mädchen, und neben Ihnen auf der Bank sitzen zwei dunkelhäutige Mütter. Eines der beiden Mädchen (das mit der Flechtfrisur) führt einen makellosen Bogengang vor.

Sie sind beeindruckt. Sie wollen, dass seine Mutter erfährt, dass Sie sich ganz demokratisch über die Leistung jedes Kindes freuen, selbst wenn es schwarz ist. (Das haben Sie glücklicherweise nicht laut ausgesprochen.)

Leider wissen Sie nicht, welche dunkelhäutige Frau die Mutter des Mädchens mit dem tollen Bogengang ist. Ihren scharfen Augen ist aber nicht entgangen, dass eine der Mütter dieselbe Flechtfrisur wie das Mädchen hat. Wie hoch ist die Wahrscheinlichkeit … STOPP!

Das ist eines der Dinge, mit denen Sie – selbst wenn es gut ausgeht – nicht punkten können. Wer wird es erfahren? Gibt es ein Forum nur für Weiße, in dem Sie posten können, dass es Ihnen gelungen ist, einer schwarzen Mutter ein schwarzes Kind zuzuordnen?

Und glauben Sie, dass die schwarze Mutter sich darum schert? Dass sie in einem Forum nur für Schwarze posten wird: »Die Weißen können uns endlich auseinanderhalten«?

Bei diesem Szenario gibt es keine Gewinnerin. Es gibt nur eine Verliererin, die nicht ganz so viel verloren hat, wie sie hätte verlieren können.

Schlimmer noch: Was ist, wenn Sie falschliegen? Werden Sie dann in Panik geraten und die Sache mit der Flechtfrisur erklären? Werden Sie merken, wie weiß Sie klingen, und sich korrigieren, indem Sie etwas noch Schlimmeres sagen? Oder werden Sie versuchen, das chinesische Mädchen seiner weißen Adoptivmutter zuzuordnen? Nur um herauszufinden, dass die kleine Chinesin a) Japanerin und b) kein Adoptivkind ist. Himmel, die Sache läuft ja völlig aus dem Ruder!

Was Sie tun können:

- »Oh, mein Fehler!« sagen
- Schweigen.

Hinweis für schwarze Mütter: Bitte gehen Sie mit der wohlmeinenden weißen Mutter nicht zu hart ins Gericht. Wahrscheinlich ist sie irgendwo auf dem Land aufgewachsen, wo sie keinen Kontakt zu andersfarbigen Menschen hatte. Sie glaubt, dass die bloße Existenz Ihres Kindes das Leben ihres Kindes bereichern wird. In ihren Augen sind Sie die mystische Mutter einer Märchenprinzessin – mit Flechtfrisur.

 Denken Sie daran:
Es ist völlig in Ordnung zu fragen:
»Welches ist Ihr Kind?«

39

Wie man eine Mutter loswird, die die ganze Zeit dableiben will, während die Kinder miteinander spielen

Ihr Kind hat sich zum Spielen verabredet. Die Mutter, die Sie nicht besonders gut kennen, aber deren Tochter ganz gut mit Ihrer spielt, bringt ihr Kind um 13 Uhr vorbei. Das heißt, dass Ihr Kind von 13 Uhr bis ungefähr 15 Uhr beschäftigt sein wird. Und für Eltern gilt: Beschäftigung = Freiheit (wie bei Orwell). Okay, vielleicht müssen Sie mal einen Streit schlichten, Saft einschenken oder Kekse verteilen, aber das ist ein kleiner Preis, den Sie für mehrere zehnminütige Phasen des Alleinseins bezahlen. Sie können etwas bei Facebook posten, eine Folge *Scrubs* anschauen und die letzte Ausgabe von *Landlust* zu Ende lesen. Ahhh.

Mutter und Kind treffen ein. Sie bitten sie herein. Ihr Kind zieht seine Spielgefährtin in sein Zimmer. Die Mutter folgt ihnen. Ja, ihr Kind kann hier sicher und fröhlich spielen. Sie kochen kein Crystal Meth – Sie kochen überhaupt sehr wenig. Der Fußboden ist einigermaßen sauber, und die Spielsachen sind alle bleifrei. Die Mutter ist zufrieden. Sie überlassen die Kinder ihrem Spiel. Sie schicken sich an, die Mutter zur Tür zu begleiten ... aber die setzt sich auf Ihr Sofa!

»Und«, sagt sie und nimmt Ihre *Landlust* in die Hand, »was machen Sie eigentlich so?«

Es ist gelaufen. Statt Ihre Zeit (beinahe) allein genießen zu können, stecken Sie mitten in einer Mütterverabredung. Zwei

Stunden Unterhaltung darüber, womit die Männer ihre Brötchen verdienen, wie gut die Kinder durchschlafen – das beiläufige Geplauder eben, das Mütter praktizieren, wenn das Einzige, was sie gemeinsam haben, Kinder im selben Alter sind. Wenn Sie außerstande sind, das Spiel mitzuspielen, haben Sie zwei Möglichkeiten:

- **Beziehen Sie die Mutter in Ihre Pläne ein:** Vielleicht denkt sie ja, dass sie dableiben *muss,* und fühlt sich dabei genauso unwohl wie Sie. Bieten Sie Alkohol an. Wahrscheinlich hat sie auch die letzten Folgen von *Scrubs* verpasst. Idealfall: Sie freunden sich mit ihr an. Schlimmster Fall: Die Mutter hält Sie für eine verkappte Alkoholikerin und bringt ihr Kind nie wieder vorbei. Andererseits: Wenn sie die Neuigkeit verbreitet, gewinnen Sie die Sympathien anderer verkappter Alkoholikerinnen, und das ist ja auch nicht schlecht.

- **Seien Sie einfach ehrlich (na ja, fast).** Sagen Sie: »Wissen Sie, eigentlich wollte ich die Wäsche machen (putzen, bügeln etc.), während die Mädchen spielen ...« Dann verstummen Sie und stehen verlegen in der Gegend herum. Die Chancen stehen fünfzig zu fünfzig, dass sie antwortet: »Ich auch! Macht es Ihnen was aus, wenn ich gegen drei wiederkomme?«
Und dann haben Sie wirklich eine Freundin gewonnen.

 Denken Sie daran:
Wenn Sie eine neue Freundin wollen, öffnen Sie eine Flasche Wein. Wenn nicht, öffnen Sie die Tür.

40

»Dein Papa ist eine miese Ratte« und andere Einschätzungen, die man für sich behalten sollte

Das ist ein schwieriges Thema, weil es um etwas geht, das Sie *nicht* tun dürfen. Nie. Bis in alle Ewigkeit.

Halten wir zunächst unter uns Erwachsenen fest, dass Ihr Ex in der Tat ein Scheißkerl ist. Er hat Ihnen übel mitgespielt. Er war ein lügender, betrügender, trinkender, gewalttätiger Bastard, der mies im Bett war und noch mieseren Kaffee machte. Sie sind besser ohne ihn dran, und es ist gut, dass Ihre Kinder nicht mit ansehen müssen, wie Sie beide sich streiten. Die Scheidung oder Trennung war eine gute Lösung.

Leider ist dieser Mistkerl der Vater Ihrer Kinder, und sie lieben ihn – was immer er Ihnen (oder ihnen) auch angetan hat. Es ist eine der großen Ungerechtigkeiten des Lebens, dass Sie nicht die Wahrheit über diesen Mann sagen können, ohne Ihren Kindern zu schaden.

Am besten sagen Sie in ihrer Gegenwart nichts Negatives. Was leichter gesagt ist als getan. Jeder Tag Ihres Lebens wird ein Persönlichkeitstest sein, und an manchen Tagen werden Sie ihn nicht bestehen.

Wie können Sie es sich verkneifen, vor den Kindern abfällige Dinge über Ihren Ex zu sagen?

- **Sagen Sie per SMS abfällige Dinge zu Ihrem Ex:** Es gibt keinen Grund, am Telefon oder im persönlichen Gespräch die Stimme zu erheben, wenn Sie in ausdrucksstarken Großbuchstaben »DU BIST MIT DEM UNTERHALT IM RÜCKSTAND« schreiben können.

- **Sagen Sie zu Ihren Freundinnen abfällige Dinge über ihn:** Die haben ihn sowieso nie gemocht.

- **Sagen Sie in anonymen Foren abfällige Dinge über ihn:** Sie bekommen sofort Feedback von anderen anonymen Mitgliedern. Wiederholen Sie es, bis es alle langweilt.

- **Twittern Sie (aber nicht unter Ihrem Namen):** Legen Sie einen anonymen Twitter-Account mit einer Gmail-Adresse an und twittern Sie seine Fehltritte. Und damit wir auch was davon haben: Hashtag #sh*ttymomsh*ttyex.

- **Erziehen Sie Ihre Kinder zu kritischem Denken:** Eines Tages wird ihnen klar werden, dass Sie 90 Prozent der Aufzuchtarbeit geleistet haben. Und Sie bekommen Ihre Anerkennung bei ihrer Abirede.

- **Haben Sie Sex:** Man kann frischen Genitalien gar nicht genug Bedeutung beimessen. Sie müssen den Neuen ja auch nicht heiraten. Flachlegen und weg.

- **Beginnen Sie eine neue Beziehung:** Parship.de und Neu.de etc. sind voller Männer, die ihre Ex genauso hassen wie Sie Ihren. Verabreden Sie sich! Paaren Sie sich! Durch Ihren dynamischen Hass-Sex entsteht neue Energie, die Sie beide in gesündere, glücklichere Beziehungen katapultieren kann.

- **Wenn Sie das Arschloch waren, das alles ruiniert hat, dann halten Sie einfach die Klappe. Und hoffen Sie, dass die Kinder es nicht herausfinden.**

Denken Sie daran:
Ihre Kinder können nichts dafür,
dass Sie sich zu Deppen hingezogen fühlen.

41

Wenn Ihr langhaariger Junge von Fremden für ein Mädchen gehalten wird

Sie und Ihr Zweijähriger warten an der Kasse im Lebensmittelgeschäft. Ihr Sohn hat etwas längere Haare. Ihm macht es nichts aus, und Sie ertragen es nicht, sie abzuschneiden. Besonders jetzt, wo sein Papa eine Glatze bekommt. Irgendjemand in der Familie muss doch schließlich volles Haar haben.

In Ihrem Einkaufswagen liegt gut sichtbar ein Spielzeugauto. Ihr Sohn trägt ein Cowboy-T-Shirt und krümmt seinen Finger wie am Abzug einer Pistole, die er auf Menschen richtet. Alles deutet auf »Junge« hin. Trotzdem sagt die Frau hinter Ihnen in der Schlange: »Ach, was für süße Locken Ihre Tochter hat!«

Sie bleiben cool. So was passiert manchmal. Keine große Sache.

»Es ist ein Junge. Aber trotzdem danke. Ich mag seine Locken auch.«

Ende der Geschichte.

Aber nein. Die meisten Menschen hassen es, in ein Fettnäpfchen zu treten. Es ist ihnen peinlich. So wie dieser Frau, der jetzt ihr Irrtum peinlich ist. Und wenn es etwas gibt, das peinlich berührte Menschen brauchen, dann ist es ein Sündenbock: Sie.

»Na ja«, sagt die Frau. »Wenn Sie nicht wollen, dass er für ein Mädchen gehalten wird, dann sollten Sie ihm die Haare kurz schneiden.«

Oh, nein. Sie hat auf Ihre Kosten Boolesche »Wenn … dann«-

Logik angewendet. Wenn man eine auf einen Elternteil bezogene »Wenn ... dann«-Aussage auf ihre unterschwellige Botschaft analysiert, handelt es sich fast immer um eine Beleidigung. In diesem Fall sollte ausgesagt werden: »*Wenn* Sie eine bessere Mutter wären, *dann* hätte ich Ihren Sohn nicht für ein Mädchen gehalten.«

Was tun? Sie ist eine Fremde. Anders als bei einem Streit mit Ihrer Schwiegermutter wird es Ihnen keine Freude machen, diesen Streit zu gewinnen. Wenn Sie in angriffslustiger Stimmung sind, können Sie ihr ein »*Wenn* ich gemein wäre, *dann* würde ich sagen, dass das Einzige, was hier kürzer werden muss, Ihre hundert Zentimeter Taillenumfang sind« entgegenschleudern.

Aber *wenn* Sie das sagen, *dann* bringen Sie Ihrem Sohn bei, wie ein Mädchen zu streiten.

 Denken Sie daran:

Die einzigen Babys, denen nicht das falsche Geschlecht zugeordnet wird, sind kleine Mädchen mit Ohrlöchern. Und wenn Sie Ihrer kleinen Tochter Ohrlöcher stechen lassen, ohne Italienerin zu sein, dann wird man Sie dafür verurteilen.

Fünf Dinge, die Ihr Vierjähriger lernt,
wenn Sie im Hallenbad versehentlich mit ihm in die
Frauenumkleide statt in die Familienumkleide gehen

- Nackte Frauen sind böse und schreien einen an, wenn man sie anschaut.
- Nackte Frauen sollten mehr Haare zwischen den Beinen haben, um wie Mama auszusehen.
- Nackte Frauen wollen meinen *Star-Wars*-Rucksack nicht sehen.
- Nackten Frauen ist es egal, ob ich tausend Böse erschossen habe. Oder eine Million Böse. Oder eine Million tausend Böse.
- Es ist schwer, mit geschlossenen Augen herumzulaufen.

Teil 10:

Keine Angst,
wir haben euch nicht vergessen,
Rabenväter!

42

Er will Sex – und Sie würden am liebsten für die nächsten zehn Jahre Ihre Beine zusammennähen

Sie müssen vor allem Mitgefühl für diese Männer haben. Nach der Geburt des Babys ist der Körper Ihres Mannes genau derselbe wie vorher, während Ihrer sich völlig verändert hat. Ihre Brustwarzen sind wund, und beim Atmen schlägt Ihr Bauch Wellen wie ein Wasserbett, auf das gerade jemand gesprungen ist. Während der Entbindung wurde Ihre Vagina auseinandergerissen oder Ihr Bauch aufgeschnitten.

Wenn Sie ein lesbisches Paar sind … dann hat eine von Ihnen gerade das Wunder der Geburt erlebt, und die andere sieht immer noch heiß aus. (Falls ihr zwei Väter seid – na, dann macht einfach weiter, ihr Mistkerle.)

Heteromänner sind einfach gleich geblieben. Und da Ihre Schwangerschaft jetzt vorbei ist, wollen sie, dass wieder Normalität einkehrt. Sie wollen anfassen und streicheln und Sex haben. Sie wollen Sie. Und das wäre ja auch süß, wenn es nicht so unglaublich schmerzhaft wäre.

Was wollen Sie? Schlaf. Hilfe. Ihren alten Körper zurück. Einen einzigen Tag, an dem Sie sich nicht wegen plötzlichem Kindstod, Autismus, Schadstoffen in Babyflaschen oder Kindergartenplätzen Sorgen machen.

Weder Ihre noch seine Bedürfnisse werden in nächster Zeit erfüllt werden. In der Zwischenzeit können Sie Folgendes tun:

PORNOGRAPHIE ZULASSEN UND FÖRDERN

Pornographie ist für manche Männer eine effektive Möglichkeit, sich Erleichterung zu verschaffen. (Laut Aussagen vieler Betroffener ist Spermienüberschuss eine gesundheitliche Störung, die mehr Schmerzen verursacht als ein abgehacktes Bein.)

Sie müssen nicht mit Ihrem Mann zusammen Pornos anschauen, sollten ihm aber auch nicht dabei im Weg stehen. Es sei denn, Sie lassen ihn die Filme zwischen Ihre Beine hindurch sehen.

GELEGENTLICH NACHGEBEN

Wenn Sie keinen Schlaf bekommen, fühlen Sie sich wahrscheinlich beschissen und sehen auch so aus. Aber ihm ist das egal. Wahrscheinlich bemerkt er es nicht einmal. Er will einfach nur Sex, und Sie sind nun einmal diejenige, mit der er ihn haben sollte. Männer sind da echt lustig drauf. Sex erhöht vielleicht seine Bereitschaft, Sie zu unterstützen, was bedeuten kann, dass Sie an »Ihrem« Morgen ausschlafen dürfen. Er bekommt Sex, Sie bekommen Schlaf. Bedürfnisse werden erfüllt. Sie werden es überleben.

WIEDERHERSTELLUNG DES VERHÄLTNISSES SEX:MASTURBATION

Das Verhältnis Sex zu Masturbation wird langsam wieder zu dem Wert vor dem Baby zurückkehren. (Das Verhältnis S:M ist die Zahl der gemeinsamen sexuellen Aktivitäten im Verhältnis zu der Zahl der Gelegenheiten, bei denen er aufgibt und stattdessen masturbiert.) Wenn Sie vor dem Baby zweimal Sex auf fünfmal Masturbieren hatten, dann war Ihr Verhältnis S:M=2:5. In den ersten sechs Wochen nach der Geburt des Babys wird es 0:40 sein. Sechs Monate später sind Sie wahrscheinlich bei 1:20 angekommen, und wenn Ihr Kind sieben Jahre alt ist, sind Sie wieder bei 2:5. Oder geschieden.

> **Denken Sie daran:**
> Irgendwann werden Sie wieder Lust auf Sex haben. Aber Ihre oberste Priorität besteht zunächst einmal darin, das erste Jahr zu überleben, ohne sich selbst, das Baby oder seinen Vater umzubringen.

43

Wie Sie den Vater Ihres Kindes davon abbringen, Ihren Sohn »Kumpel« zu nennen

Wenn Sie gewusst hätten, dass das Erste, was Ihr Mann zu Ihrem neugeborenen Sohn sagen würde, »Na, was geht, Kumpel?« sein würde, hätten Sie keinen Nachwuchs mit ihm bekommen. Aber jetzt ist es zu spät. Dennoch können und müssen Sie das obercoole Getue im Keim ersticken. Klären Sie bei einem Gespräch mit ihm folgende Punkte:

SAGEN SIE IHM, DASS ES NICHT AKZEPTABEL IST

»Kumpel« ist (ebenso wie »Alter«) eine Anrede, die ausschließlich unter Gleichaltrigen verwendet wird. Jungs haben keine Angst vor jemandem, der sie »Kumpel« nennt. Und es kommt eine Zeit im Leben jedes Jungen, in der er Angst vor dem Zorn seines Vaters haben sollte. Denn »Kumpel, wenn du nen Strafzettel bekommst, lass ich dich nicht mehr fahren« wird Ihren Achtzehnjährigen nicht dazu bewegen, sich an Geschwindigkeitsbegrenzungen zu halten.

ES IST VERWIRREND

Was ist, wenn Ihr Sohn Besuch von einem Freund hat? Was dann?

»Kumpel, hör auf, deinen Kumpel zu schlagen. Danke, Kumpels.«

ES IST UNZUTREFFEND

Ein Vater kann nicht der Kumpel seines Sohnes sein, es sei denn die Dynamik in Ihrer Familie ist extrem gestört.

MACHEN WIR UNS NICHTS VOR:
WIR SIND DIE, DIE WIR FRÜHER VERACHTET HABEN

Vater zu sein, bedeutet, von den eigenen Kindern etwa zehn Jahre lang peinlich gefunden zu werden. Egal, wie cool ein Mann als Single war – als Vater ist alles, was er tut, lahm. Seine Retro-T-Shirts sind bescheuert, seine Tätowierungen armselig und seine Piercings blöd. Kein Vater ist peinlicher als einer, der versucht, cool zu sein.

 Denken Sie daran:
Söhne distanzieren sich von ihren Vätern, Töchter lachen über ihre Mütter. Wir sind dazu verdammt, wie unsere Eltern zu werden, und keine »Kumpelei« kann uns davor bewahren.

44

Rabenmütter-Ode
an den Vater im Erziehungsurlaub

Vater im Erziehungsurlaub,
kurz gesagt, V-I-E-U,
kaum zu glauben, doch der Mann mit
Doktortitel, der bist du.

Gleich am ersten Tag passiert es:
Baby will an deine Brust.
Fragst dich dann bei einem Whisky:
Hab ich darauf wirklich Lust?

Würdst gern mal mit 'nem Kumpel reden,
ohne dass gleich jemand motzt.
Doch es wird dir nicht vergönnt sein –
Baby hat sich vollgekotzt.

Mama, die verdient die Brötchen,
während du wäschst, kochst und fegst
und den Kleinen endlos vorliest,
eh du sie dann schlafen legst.

Sagst dir: Wenn ich noch ein einz'ges
Buch vom Häschen lesen muss,
noch ein einz'ges Liedchen singen,
geb ich mir den Gnadenschuss!

Auf dem Spielplatz ist es einsam,
denn du bist der einz'ge Mann.
Mütter ringsum auf den Bänken
schauen dich voll Argwohn an.

Du bist auch mit deinem Kind da!
Und du willst nur deine Ruh.
Nein, du bist kein Kinderschänder,
sondern ein V-I-E-U.

Spielst mit Puppen mit den Töchtern
und auch mit dem schwulen Sohn.
Stiehlst dich nicht mal beim Verkleiden
oder beim Frisiern davon.

Weißt du, was du ihnen antust
mit all deiner Nettigkeit?
Lässt sie glauben, so wie du sind
alle Männer weit und breit.

Für dein Engagement am Kinde
kriegst du Lob, doch mehr auch nicht.
's gibt ein Buch für Rabenmütter,
und für dich nur ein Gedicht.

V-I-E-U-Kochbuch

Das Leben eines V-I-E-U ist für die meisten Männer zunächst etwas Unnatürliches. Besonders die Mahlzeiten bringen sie in Verlegenheit. Sie können nicht kochen, und sie hassen die Stimme von Tim Mälzer. Es gibt einfach keine Lösung. Und ein V-I-E-U hat viele Fragen: Ist Nutella und Marmelade, auf zwei verschiedenen Toastscheiben, eine andere Mahlzeit als ein Nutella-Marmeladen-Sandwich? Falls ja, dann sind Frühstück und Mittagessen ja abgehakt, nicht wahr? Und dann muss man sich nur noch über das Abendessen Gedanken machen. Stimmt's?

Oh, V-I-E-U, du bist so liebenswert männlich. Wie kannst du etwas Abwechslung in den Speisezettel bringen, ohne deine Fähigkeiten zu erweitern? Ein paar Rabenmutter-Tipps:

- Versuch's mal mit was Französischem: Gieße verquirlte Eier in die Pfanne und wende sie dann auf die andere Seite. Das ist dann ein Omelett.

- Versuch's mal mit was Mexikanischem: Schmilz Käse auf einer Tortilla.

- Versuch's mal mit was Griechischem: Fang mit einer Schüssel voll Kopfsalat an. Füge Oliven, rote Zwiebeln, Schafskäse und Olivenöl hinzu.

- Versuch's mal mit was Italienischem: Fang mit einer Schüssel Spaghetti an. Füge Olivenöl, Parmesan, Zitronensaft und glatte Petersilie hinzu.

- Versuch's mal mit was Deutschem: Bestell 'ne Pizza.

Teil 11:

Es ist in Ordnung, den Zoo zu hassen

45

Zootiere,
die gefeuert werden sollten

Wir sind uns darüber im Klaren, dass die Leitung eines Zoos kein Kinderspiel ist. Die Tiere im Zoo müssen gefüttert und versorgt werden, und die Tiere, die im Zoo leben, ebenfalls. Ein besonders schwieriger Fall sind die kleinen Tiere mit ihren winzigen Rucksäcken und Käppis, die ständig motzen, dass alles zu weit weg ist und wie das Stereotyp eines Touristen aussehen, nur in klein.

Nachdem man einen Parkplatz gefunden, ein Eintrittsgeld von mindestens 15 Euro pro Erwachsenem und mindestens 12 Euro pro Kind sowie etwa 10 Euro für eine Cola bezahlt hat, steigen die Erwartungen. Ein Ausflug in den Zoo kann einen leicht 100 Euro kosten.

Dabei erwartet man von Zootieren immer noch weit weniger als von Zirkustieren. Die müssen Kostüme tragen und mit Clowns in der Manege stehen. Auch Zootiere sind im Showgeschäft, aber sie müssen nur eins: Bühnenpräsenz zeigen. Sie müssen einfach nur da sein. Und das heißt: wach. Und sichtbar.

Bist du ein Zootier? Komm hinter dem Stein hervor und beweg dich, verdammt noch mal. Komm schon, du bist ein Jaguar. Benimm dich wie einer. Willst du einfach nur dasitzen und den Leuten deinen Rücken zuwenden? Bist du von deinem Lotterleben im Zoo so müde, dass du nicht mal ein bisschen herumlaufen und fauchen kannst? Spring, oder wir reichen eine offizielle Beschwerde ein.

Das Problem ist, dass Zootiere auf Lebenszeit eingestellt werden. Sie haben keinen Anreiz, hart zu arbeiten – sie sind gewissermaßen verbeamtet. Was Zootiere brauchen, ist eine Gefährdung ihres Lebensunterhalts durch jüngere, attraktivere Exemplare ihrer Gattung.

Wahrscheinlich haben Zoos deshalb so viele Tiere, weil sich an jedem einzelnen Tag mindestens die Hälfte von ihnen krankmeldet. Oder versteckt. Oder Winterschlaf hält. Am schlimmsten sind die mit den Tarnfarben. Sie zwingen einen, ärgerlich in ihr langweiliges Habitat zu starren, in dem festen Glauben, dass gar kein Tier da ist, bis man aus dem Augenwinkel wahrnimmt, dass einer der Steine gerade geniest hat.

Nicht, dass sie einen Grund hätten, sich zu tarnen. Sie werden ja nicht gejagt. Sie verschmelzen aus reiner Bosheit mit ihrer Umgebung.

Manche Tiere müssten ganz offenkundig gefeuert werden, während andere eine Gehaltserhöhung und Zugang zu attraktiveren Trainern verdient hätten. Hier eine Übersicht:

- **Elefanten:** Sie können sich weder verstecken noch zu einer feindseligen Kugel zusammenrollen (hallo, Bären). Elefanten stehen in ihren Als-ob-Savannen herum, klappen die Ohren vor und zurück und befördern mit ihren eindrucksvollen Rüsseln Nahrung in ihr Maul. Falls es sie deprimiert, nicht in Afrika zu sein, lassen sie sich nichts anmerken. Sie haben eine hervorragende Arbeitsmoral, und ihre Ähnlichkeit mit Dumbo, ihrem Vertreter in der Zeichentrickwelt, macht sie zu Lieblingstieren des kaum zufriedenzustellenden Kleinkindpublikums.

Empfehlung der Rabenmütter: 10 Prozent Gehaltserhöhung und doppelt so viel Bürofläche.

- **Bären:** Bären sind etwa zehn Minuten pro Tag wach. In diesen zehn Minuten halten sie eine Besprechung ab und einigen sich darauf wegzudämmern, sobald ein Elternteil ausruft: »Schau mal, Max, ein Bär!« Gibt es etwas Grausameres, als vor den Augen von Eltern einzuschlafen, die wahrscheinlich seit Jahren nicht mehr richtig geschlafen haben? Mit ansehen zu müssen, wie sie in der Sonne dösen, ohne auch nur zusammenzuzucken, wenn ein Kind weint, kann den überzeugtesten Veganer dazu bringen, ein Jagdgewehr zu kaufen. Wenn Bären Menschen wären, würden sie vor Beinamputierten steppen.
  Empfehlung der Rabenmütter: Zwei Tage mit Sarah Palin im Wildreservat.

- **Alligatoren:** Selbst wenn sie völlig reglos daliegen, ragen die Zähne aus ihrem Maul. Sie sehen interessant und blutrünstig aus. Alligatoren (und Krokodile) sind ohne die geringste Anstrengung furchteinflößend.
  Empfehlung der Rabenmütter: 15 Prozent Gehaltserhöhung und jeden Tag einen vorlauten Teenager als Futter.

- **Flamingos:** Gibt es etwas Schöneres als eine Schar herumstelzender rosafarbener Flamingos? Die auf ihren dünnen Beinen herumstehen, als ob sie darauf warten würden, dass man ihnen Cocktails serviert?
  Empfehlung der Rabenmütter: Gebt diesen Vögeln die Martinis, für die sie ganz offensichtlich geschaffen wurden.

- **Papageien:** Papageien sprechen. Kaum zu glauben, dass andere Vögel noch nicht gemerkt haben, wie gut Papageien ankommen, und sich nach dem Grund gefragt haben: »Warum machen die Kinder nur so ein Aufheben um dieses laute blaugrüne Ding und nicht um mich, den verdammten Weißkopfseeadler?«

  Nun, Weißkopfseeadler, statt den ganzen Tag für Country-Plattencover oder Wappen zu posieren, oder was immer du tust, seit du nicht mehr vom Aussterben bedroht bist, solltest du mal über deinen Tellerrand hinaussehen und zur Kenntnis nehmen, dass Papageien Deutsch sprechen. Und Englisch. Und Spanisch und Russisch und jede andere Sprache, mit der sie je in Kontakt gekommen sind. Papageien wissen, wie der Hase läuft. Und, Weißkopfseeadler, es zahlt sich für sie aus.

  (Mütter, wenn ihr euch kein zweisprachiges Kindermädchen leisten könnt und auf der Warteliste für einen zweisprachigen Kindergarten steht, solltet ihr vielleicht auch die Möglichkeit erwägen, einen Englisch sprechenden Papagei zu kaufen.)
  Empfehlung der Rabenmütter: Papageien aus ihrer Voliere in den Eingangsbereich verlegen, wo sie Besucher begrüßen können.

- **Leoparden:** Leoparden haben sich zu lange auf ihren Flecken ausgeruht. Kinder sehen jede Menge Tierfilme und erwarten erstklassige Unterhaltung, wenn sie zum Leopardengehege laufen. Gefleckt auf einem flachen Stein herumzuliegen und ab und zu eine Pfote zu strecken reicht einfach nicht.
  Empfehlung der Rabenmütter: Neben die Affen verlegen.

- **Affen:** Affen stellen eine dreifache Bedrohung dar: Sie schwingen sich durch die Luft, sie werfen Dinge und sie masturbieren.

Während Bären neue Möglichkeiten aushecken, Besucher zu ignorieren, diskutieren Affen über neue Möglichkeiten, sich abstoßend zu benehmen. Sie belegen Kurse wie »Einführung in das Lausen mit anschließendem Verzehr der Beute« und »Spermaschleudern für Fortgeschrittene«. Sie brüllen, nehmen gruseligen Blickkontakt auf und lecken sich aufreizend die Lippen. Affen führen das Leben, von dem Sexualstraftäter träumen.

Empfehlung der Rabenmütter: Gehalt verdoppeln, Zugang zu Pornographie ermöglichen und den Affenkäfig am Wochenende bis ein Uhr morgens geöffnet lassen.

- **Gorillas:** Gorillas halten sich für etwas Besseres. Zu Recht. Im Gegensatz zu den kleineren Affen sind Gorillas intelligent. Sie sind stärker als wir und können auf allen vieren gehen (jederzeit, nicht nur samstagnachts). Wenn sich Gorillas und Delphine je zusammentun, wird die menschliche Rasse ausgelöscht werden. Auf einen Aufstand wie in *Planet der Affen* brauchen wir nicht zu hoffen, denn echte Gorillas werden uns nicht versklaven. Sie werden uns töten. Gorillas würden nichts lieber tun, als ihre opponierbaren Daumen um unsere dünnen Hälse legen und uns würgen, bis wir tot sind.

  Übrigens: Gorillas haben die Studie gelesen, laut der Orang-Utans die klügsten Menschenaffen sind, und der Wissenschaftler, der sie verfasst hat, steht auf ihrer Abschussliste ganz oben. Zu unserer eigenen Sicherheit sollten wir nicht zulassen, dass Gorillas uns beobachten. Sie machen sich Notizen.

  Empfehlung der Rabenmütter: Wie in Verhörräumen hinter einem Einwegspiegel unterbringen.

- **Löwinnen:** Wenn Kinder »Löwe« denken, denken sie »Mähne«. Es ist sexistisch und pelzistisch, aber wahr: eine mähnenlose Löwin ist langweilig. Es ist extrem enttäuschend, seine Kinder zum Löwengehege zu begleiten, um dann zu erfahren, dass das Löwenmännchen »einen Tag frei nimmt, aber die Löwin Sandy ihn problemlos vertreten kann«.

Ach, tatsächlich, Zoo? Dann erklär mir doch bitte, warum folgende Unterhaltung stattfindet:

»Mama, wo ist der Löwe?«

»Da ist der Löwe. Es ist eine Löwenfrau namens Sandy.«

»Das ist kein Löwe!«

»Doch, ist es. Es ist eine Löwenmama.«

»Das ist kein Löwe. Du lügst.«

»Schatz, ich lüge nicht. Ich lüge nie, das weißt du doch!«

»Warum lachst du denn, Mama? Lachst du über mich? DU BIST DOOF!«

Danke, Zoo, für den 100 Euro teuren Wutanfall! Und weißt du, was? Dasselbe kann man auch kostenlos in der Obstabteilung erleben:

»Mama, ist das eine Orange?«

»Nein, das ist eine Mandarine.«

»Gar nicht, es ist eine Orange.«

»Es sieht wie eine Orange aus, aber es ist eine andere Obstsorte namens Mandarine. Hör doch mal zu – komm doch mal mit deinem OHR RAN, SCHÄ-tzchen!«

»Warum lachst du denn, Mama? Lachst du über mich? DU BIST DOOF!«

Empfehlung der Rabenmütter: Wir sind nur ungern sexistisch gegenüber unserem eigenen Geschlecht, aber Löwinnen sollten die großzügige Vorruhestandsregelung des Zoos in Anspruch nehmen.

 Denken Sie daran:
Mit Tieren, die masturbieren können,
kann man nichts falsch machen.

46

Das schlechteste Kinderbuch:
Der Baum, der sich nicht lumpen ließ
oder
Ich lieb dich für immer

Jede Mutter, die sich die Hauptfigur in Shel Silversteins Kinderbuch *Der Baum, der sich nicht lumpen ließ* zum Vorbild nimmt, erschafft ein Monster. Ein Arschloch mit Anspruchshaltung, das erwartet, dass sich die Frauen in seinem Leben zu seiner vorübergehenden Befriedigung in Stücke hacken lassen.

Mütter von Söhnen: Denkt daran, dass ihr die Liebhaber und Ehemänner unserer Töchter aufzieht. Lasst nicht zu, dass unsere Mädchen sich mit einem Blödmann zusammentun, der sich für etwas Besonderes hält, wenn er einmal im Monat den Abwasch macht. Legt *Der Baum, der sich nicht lumpen ließ* beiseite und ersetzt es durch *Es klopft bei Wanja in der Nacht*. Wenn unsere Töchter schon geschwängert werden, dann wenigstens von einem gutmütigen Tierfreund.

Mütter von Töchtern: Legt in jedem Buchladen, der dieses idiotische Manifest im Sortiment hat, Protest ein. Fordert einen Warnaufkleber: »Die Lektüre dieses Buchs kann bei Ihrem Sohn die Erwartungshaltung fördern, dass für den Rest seines Singledaseins jemand seine Wäsche für ihn falten wird.«

So schlimm *Der Baum, der sich nicht lumpen ließ* auch ist – es ist tausendmal besser als *Ich lieb dich für immer* von Robert Munsch. Das Umschlagbild dieses trügerischen Kinderbuchs sieht sehr harmlos aus: Es zeigt eine Mutter, die sich über ein Kinderbett beugt. Und so fängt es ja auch an: Mutter singt ihrem Baby ein Wiegenlied, in dem sie ihm ihre ewige Liebe beteuert. So weit, so gut. Aber dann erleben wir mit, wie die Zeit vergeht. Zwei Seiten weiter kriecht Mutter ins Kinderzimmer und beobachtet heimlich ihren schlafenden Sohn. Vom Kriechen abgesehen, bewegt sich alles noch in einem normalen Rahmen.

Es geht so weiter, bis der Junge neun ist. Der Leser beginnt, sich etwas unbehaglich zu fühlen. Wie lange will Mutter noch so weitermachen?

Wir brauchen nicht herumzurätseln. Blättern wir einfach um. Raten Sie, wer gerade zum nächtlichen Kuscheln zu seinem Teenager ins Zimmer geschlichen ist? Schnell, rufen Sie die Polizei! Hier entsteht eine schreckliche, ödipale Beziehung. Jeder weiß, dass Jungs im Teenageralter nicht ins Bett gehen, um zu schlafen. Sie masturbieren. Unablässig, die ganze Nacht lang. Bis ihnen die Finger abbrechen. Dann wechseln sie die Hand. Anschließend verwenden sie die Füße. Selbst die Affen im Zoo sind darüber schockiert. Jede Mutter, die sich an ihren halbwüchsigen Sohn heranschleicht, wenn er glaubt, im Dunkeln allein zu sein, wird von Querschlägern getroffen.

(Tipp: Halten Sie sich vom Zimmer Ihres Sohnes fern, bis er ins Studentenwohnheim umgezogen ist. Betreten Sie es dann mit einem Hochdruckreiniger und einer Sicherheitsbrille.)

Ach, die Geschichte ist übrigens noch nicht zu Ende. Statt sich über das leere Nest zu freuen, stellt Mutter ihrem Sohn und seiner neuen Familie nach. (Seine Frau scheint verschwunden zu sein. Wahrscheinlich hat er sie erstochen und dabei immer wieder ausgerufen: »Lass mich in Ruhe, Mutter!«) Auf der letzten Seite ist Mutter anscheinend tot, und der Sohn singt seinem eigenen Baby etwas vor.

Trotz des ganzen Aberwitzes werden Sie wahrscheinlich in

Tränen ausbrechen, weil *Ich lieb dich für immer* Sie daran erinnert, dass Kinder älter werden und ihre Eltern auch – aber nicht, bevor sämtliche Beziehungstabus gebrochen wurden.

Es ist Dienstagabend, Sie hatten einen langen Arbeitstag und sind spät nach Hause gekommen. Sie haben heute insgesamt 45 Minuten mit Ihrem Kind verbracht, und in den letzten fünf wurden Sie auf eindringliche Weise daran erinnert, dass alle Menschen, die Sie lieben, sterben werden.

Sie werden heute Nacht keinen Schlaf finden. Und es wird nicht daran liegen, dass Sie masturbieren. Na, vielen Dank, Kinderbuch!

> **Denken Sie daran:**
> In *Hallo, lieber Mond* stirbt niemand.

Teil 12:

Rabenmütter – wir wollen euch helfen

47

Multinationale Konzerne, die kostenlose Kinderbetreuung anbieten
oder
Wie man ein Buch mit dem Titel *Rabenmütter* schreibt, ohne den gesamten Vorschuss für Babysitter auszugeben

Manchmal muss man arbeiten, statt seine Kinder zu betreuen. Papa arbeitet. Oder ist bei seinen anderen Kindern. Oder schaut Fußball. Oder ist auf der Flucht – Zehntausende von Euro mit dem Unterhalt im Rückstand. Babysitter sind teuer, und die Großeltern wohnen weit weg, sind gebrechlich oder tot. Vielleicht haben Sie eine Freundin, wollen sie aber nicht fürs Babysitten verheizen. Ihr Auto macht seltsame Geräusche, oder Sie ziehen nächsten Monat um. Sie müssen sich Ihre Freundin für etwas anderes als ein paar Stunden Arbeit am Computer aufsparen.

Was Sie brauchen, ist ein abgeschlossener Raum, den Ihre Kinder nicht ohne Ihr Wissen verlassen können. Ein Raum mit einem Spielbereich, Essen, angemessener Beleuchtung und einem Ort für Ihren Laptop. Außerdem muss dieser Raum kostenlos zur Verfügung stehen.

Der Spielplatz eignet sich dafür nicht. Dort können Sie wegen der Sonne kaum etwas auf dem Bildschirm erkennen. Außerdem ist der Spielplatz offenes Gelände – Sie setzen Ihre Kopfhörer auf, blenden sich für zwanzig Minuten aus und stellen anschließend fest, dass Ihr Kind verschwunden ist. Sie wollen nicht bei Facebook Kommentare zu dem Nachrichtenbeitrag über eine Mutter lesen, deren Kind verschwand, während sie auf Facebook war. (Es wird zumindest jeder davon ausgehen, dass sie auf Facebook war, auch wenn es nicht zutrifft, aber wahrscheinlich trifft es ja sogar zu.)

Was tut eine Rabenmutter? Probieren Sie Folgendes aus:

MCDONALD'S

McDonald's versteht Ihre Nöte. Sie stellen einen Dschungelspielplatz, in China hergestellte Spielsachen, Wi-Fi und einen Schreibtisch zur Verfügung, ohne dafür etwas zu verlangen. Und das zeitlich unbegrenzt. Was noch besser ist – im Spielzimmer ist es so eng, dass Eltern nicht zusammen mit ihren Kindern rutschen können. McDonald's weiß, dass Sie auf dem Spielplatz wären, wenn Sie tatsächlich mit Ihren Kindern spielen wollten.

McDonald's bietet sogar gesunde Kindermahlzeiten an, mit Apfelstücken. Das ist natürlich nur Show – damit Sie sich einreden können, dass Sie es versucht haben. Denn Kinder stehen auf Happy Meals, und Happy Meals bestehen hauptsächlich aus Pommes frites. Und das ist in Ordnung. Sie haben mit Ihren Kindern die stillschweigende Übereinkunft getroffen, dass Mama Kopfhörer aufsetzen und die Kinder Pommes essen dürfen. Daraus lernen Kinder etwas fürs Leben: Wenn Autoritätspersonen nicht hinsehen, dürfen sie schlimme Dinge tun. Das ist der erste Schritt zu einem gutsituierten Leben voller ungesühnter Wirtschaftsdelikte.

IKEA

Bei IKEA können Sie Ihr Kind in einem der Ausstellungskinderzimmer lassen, während Sie in einem der Ausstellungsarbeitszimmer arbeiten. Lässt sich die Funktionalität beider Zimmer besser demonstrieren?

Das Zweitbeste ist Småland, IKEAs Spielzimmer für kleine Kinder. (Dort gilt ein striktes Größenlimit, das hochgewachsene Siebenjährige ausschließt.)

Leider gibt es in Småland eine zeitliche Begrenzung, und IKEA lässt Sie einen Piepser mit sich herumtragen, damit sie Sie im Notfall (oder wenn Sie sich fünf Minuten verspäten) herbeirufen können. Noch schlimmer – es gibt oft eine Warteliste, sodass Sie erst mal gemeinsam mit Ihrem Kind durch IKEA bummeln müssen. In diesem Fall ist ein Babysitter billiger.

Auf der Pro-Seite wäre zu vermerken, dass in ihren Spielgeräten nie Spuren von Schadstoffen gefunden wurden. (Sorry, dass wir dieses Thema ansprechen, aber wir dachten da gerade an McDonald's …) Nachdem Sie Ihr Kind abgeliefert haben, gehen Sie ins Café. Dort ist der Kaffee billig, und die Fleischbällchen sind schwedisch.

Aber arbeiten Sie schnell. Sie werden beobachtet.

(Hinweis: Alleinerziehende Mütter, ihr könnt nicht jedes Mal einen Babysitter anheuern, wenn euch ein notgeiler geschiedener Vater an die Wäsche will. Verabredet euch mit ihm bei IKEA zu Kaffee und Fleischbällchen. Wenn die Chemie nicht stimmt, müsst ihr dringend euer Kind im Småland abholen – die perfekte Ausrede, um das Rendezvous zu beenden.)

 Denken Sie daran:

Was für Heuchlerinnen wären wir, wenn wir keine Rabenmütter gewesen wären, während wir ein Buch mit dem Titel *Rabenmütter* geschrieben haben?

48

Wenn der Anblick eines Babys einen Zustand geistiger Umnachtung auslöst, in dem man noch einmal Mutter werden möchte

Sie haben es geschafft. Ihr Jüngstes ist zwei oder drei oder fünf ... was auch immer. Auf jeden Fall werden Sie keines mehr bekommen. Gerade dieses Wochenende wollten Sie eigentlich die Babysachen weggeben. Ein gutes Gefühl.

Moment mal. Was ist das da im Kinderwagen? Oh Gott. Ein Neugeborenes. Die Zeit steht still. Pummelige Beinchen und sich langsam bewegende klebrige Fingerchen. Gestrickte Schühchen, ein zahnloses Gähnen. Und da drüben Ihr eigener Sohn ... ein Riese. Er trägt blinkende Turnschuhe und ein Ed-Hardy-Shirt. Ihr Sohn redet laut, und er gibt Widerworte. Er braucht bald keine Stützräder mehr an seinem Fahrrad. Sie würden ihn am liebsten gegen das Baby eintauschen.

Nein!

Wir waren uns doch darüber einig, dass Babys lebensmüde, dumm, inkontinent, teuer und laut sind. Niemand, der noch ganz bei Trost ist, würde freiwillig ein solches Geschöpf in sein Leben holen.

Sie leiden unter Schmerz-Amnesie, einer besonderen Form der Amnesie, die Sie Schmerzen vergessen lässt. Schmerz-Amnesie bewirkt, dass man sich mit dem Ex versöhnt, noch mal bei Giovanni essen geht oder einen Blog anfängt. (Seit wann schreiben Sie gern?) Ihnen ergeht es wie dem Surfer, der bei einem Haiangriff einen Arm verloren hat und vom Krankenbett aus schwört, dass er sich wieder in die Wellen stürzen wird.

Sie müssen sich das ausreden!

STELLEN SIE EIN PAAR BERECHNUNGEN AN

Ein Kind bis zum 18. Geburtstag aufzuziehen, kostet schätzungsweise 120.000 Euro. Stellen Sie sich vor, was Sie mit diesem Geld machen könnten. Ihre Familie könnte für alle Zeiten erster Klasse fliegen. Sie könnten ein Apartment in Berlin (na ja, in Kreuzberg) oder ein Haus in Sachsen-Anhalt kaufen. Alleinerziehend? Sie könnten 120 Mal mit einem 1000-Euro-pro-Nacht-Callboy Sex haben. Sie haben ja keine Ahnung, was ein 1000-Euro-pro-Nacht-Callboy mit Ihnen anstellen würde.

Hat es funktioniert? Haben Sie ein Erster-Klasse-Ticket nach Singapur gebucht? Haben Sie sich über die Immobilienpreise in den neuen Bundesländern informiert? Waren Sie bei escortservice4ladies.de?

Nein?

All das, und Sie würden immer noch ein Baby vorziehen? Oh-oh. Sie sind in Gefahr. Sie müssen sich schützen. Sie dürfen nicht schwanger werden, wenn Sie gerade auf dem Babytrip sind. Das ist, als ob man jemandem beim ersten Mal Sex sagen würde, dass man ihn liebt. Man kann es nicht zurücknehmen, aber eines Tages wird man sich sehnlichst wünschen, dass man es könnte.

Sie sind ironischerweise gerade so verletzlich wie ein Baby. Aber statt die Steckdosen in der Wand zu sichern, müssen Sie jetzt Ihre eigene Steckdose sichern.

KEIN SEX

Auf Ihre Gebärmutter ist kein Verlass – sie will ein Baby. Jeden Monat, in dem Sie Ihrer Gebärmutter kein Baby schenken, weint sie rote Tränen. (Jedenfalls laut unserer irischen Großmutter.) Sobald Ihre Gebärmutter erkennt, dass Ihre Gedanken in dieselbe Richtung gehen, sendet sie einen Suchtrupp nach Spermien aus. Irgendwelchen Spermien. Falls kein Ehemann oder Freund verfügbar ist, wird Ihre Gebärmutter kreativ. Sie checkt in schäbige Hotels ein, in denen die Laken nicht gewaschen werden. Sie sucht Tatorte mit Schwarzlicht auf und schabt an den Wänden. Ihre Gebärmutter will eine Atombombe herstellen und streckt auf der Suche nach den Zutaten – wie der Iran – ihre Fühler in alle Richtungen aus.

Bis diese Gefühle abgeklungen sind, sollten Sie wahrscheinlich nicht einmal öffentliche Toiletten benutzen.

 Denken Sie daran:
Besorgen Sie sich einen Welpen, sobald sich Ihr Gefühlshaushalt wieder stabilisiert hat.

Drei Lügen, mit denen Sie vor sich selbst ein weiteres Baby rechtfertigen werden

- **»Ich habe so viel Liebe zu geben.«** Nein, haben Sie nicht. Denken Sie nur daran, wie Sie neulich den Barista angeschnauzt haben, der versehentlich Vollmilch in Ihre Magermilch-Latte gegossen hatte. Sie sind emotional ausgelaugt.

- **»Mein Sohn hätte so gern eine Schwester.«** Nein, Ihr Sohn hätte gern einen Spielkameraden. Sobald ihm klar wird, dass das laute Tier in der bunten Decke seine Schwester ist, wird er schockiert und verbittert sein. Sie wollen doch keinen verbitterten Sechsjährigen. Bitterkeit ist – wie Alkohol – nur etwas für Erwachsene.

- **»Mein älteres Kind wird so schnell groß – ich vermisse die Babyzeit!«** Jetzt hören Sie sich wie der Familienvater an, der es geschafft hat, die ganze Familie aus dem brennenden Haus zu retten, und dann umkommt, weil er wegen der Katze noch mal reingeht. Seien Sie nicht gierig. Sie haben das Säuglingsalter überlebt. Wenn Ihre Kinder aus den Windeln sind, haben Sie es praktisch geschafft. Genießen Sie es. Sie können immer noch eine neue Katze anschaffen.

49

Wie man seinen Spaß an gewaltbetonten Filmen und Witzen wiederentdeckt

Sie sind in einem Comedy-Club und amüsieren sich. Seit das Baby da ist, sind Sie nicht viel ausgegangen, und es tut gut, in Gesellschaft Erwachsener zu sein. Dann macht der Comedian einen Witz über ein totes Baby. Statt zu lachen, wie Sie es früher getan hätten, nehmen Sie die Sache ernst. Ihr Magen verkrampft sich, und Sie stellen sich Ihr Baby in der in dem Witz erwähnten Mikrowelle vor. Mein Gott, wie können Leute über so was lachen? Sie sehen sich um. Niemand anderes scheint Ihre düstere Fantasie zu teilen. Alle lachen, schnappen nach Luft und schütten sich aus vor Lachen. Die Leute um Sie herum flippen völlig aus, aber: Niemand, wirklich niemand schickt dem Babysitter eine SMS, um sicherzugehen, dass das Baby nicht in der Mikrowelle steckt.

Legen Sie das Handy weg. Sie machen sich lächerlich. Was ist los mit Ihnen? Früher mochten Sie Witze über tote Babys. Genau genommen mochten Sie Witze über tote Menschen jeden Alters! Und Kinofilme, Fernsehsendungen und Hip-Hop-Songs. Sie kannten den Text zu *Stan* von Eminem auswendig. Doch, das ist wahr. Sie sangen mit, als Stan seine Freundin fesselte, hinten auf die Ladefläche seines Pick-ups warf und über die Hafenmauer fuhr. *Stan* war einer Ihrer Lieblingssongs!

Und schauen Sie sich jetzt mal an. Sie kauern in der Sofaecke und sehen sich *Polizeiruf 110* durch eine Decke hindurch an. Schämen Sie sich.

Es gibt einen Weg zurück. Sie müssen sich desensibilisieren. Sorgen Sie dafür, dass sich um Ihr blutendes Herz die altvertrauten Schwielen bilden. Der Medienführer für Rabenmütter hilft Ihnen, innerhalb kürzester Zeit wieder den fiktiven Tod Unschuldiger zu genießen.

- **Absolut lächerlich**
  Fangen Sie mit Gewaltdarstellungen an, die so lächerlich sind, dass selbst Sie darüber lachen können. Die *SAW*-Filme sind genau das, was der Doktor empfiehlt. Die Hauptfigur ist ein Irrer, der sich an Mistkerlen rächt, indem er sie mit geradezu komödiantischer Brutalität umbringt. Der Verrückte aus *SAW* wählt seine Opfer genau deswegen aus, weil sie Arschlöcher sind. Sie verdienen alle den Tod. Dieses Werk (es gibt mindestens fünf Fortsetzungen davon) wird Ihnen nicht das Herz zerreißen.

- **YouTube**
  Wenden wir uns von der Fiktion ab und YouTube zu. Insbesondere den Videos auf YouTube, die zeigen, wie Menschen sich bei irgendwelchen dämlichen Aktivitäten wehtun. Sie werden kein Mitgefühl für den Schwachkopf empfinden, der beim Sprung vom Dach in den Swimmingpool den Abstand falsch kalkuliert. Es sei denn, Ihr Kind ist ein Schwachkopf. Dann müssen Sie:

  Sich von YouTube fernhalten
  Wenn Sie den Verdacht haben, dass Ihr Sohn eines Tages Batterieladekabel an seinen Eiern befestigen könnte, um zu sehen, ob er sie mit der Autobatterie aufladen kann, sollten

Sie sich von YouTube fernhalten. Denn für Sie ist ein Klick auf diese Website ein erschreckender Blick in eine Zukunft, die mit Krankenhausbesuchen, Knochenbrüchen und Verbrennungen zweiten Grades ausgefüllt ist.

Schützen Sie sich. Wie Träger des Huntington-Gens, die sich nicht testen lassen wollen, weil sie wissen, dass die Wahrheit zu schrecklich wäre, sollte sich die Mutter eines Schwachkopfs von YouTube fernhalten.

Weiter mit Schritt 3.

- **Das Alte Testament**

Es ist Zeit, sich namenlosen Menschen zuzuwenden, die von ihrem eifersüchtigen Gott getötet werden. Öffnen Sie das Alte Testament und blättern Sie zum Ersten Buch Mose. Fangen Sie mit der Sintflut an. Gott bringt alle Menschen außer Noahs Familie um. Fahren Sie dann mit dem zweiten Buch Mose fort, in dem Gott das Passahfest ins Leben ruft, indem er allen männlichen Erstgeborenen in Ägypten den Garaus macht. Wenn Sie ganz mutig sind, kehren Sie noch einmal zum ersten Buch Mose zurück – zu der Stelle, an der Gott Abraham beinahe dazu überredet, seinen Sohn Isaak zu töten. Diese Geschichte ist eine besondere Herausforderung für Mütter, die sich mehreren IVF-Behandlungen unterzogen haben, da Isaak gezeugt wurde, als seine Mutter Sarah neunzig Jahre alt war. Wie viele Behandlungszyklen sind das, wenn man mit vierzig anfängt?

Wenn Sie mit dem Alten Testament durch sind, sind Sie bereit für die letzte Herausforderung.

- **Dexter**

Dexter ist eine amerikanische Fernsehserie über einen verschrobenen Serienkiller, der andere Serienkiller umbringt (läuft in Deutschland auf Sky). Die Gewalt ist oft so absurd, dass sie an *SAW* erinnert, aber Dexter ist sehr sympathisch und hat eine Lebensgeschichte, die Ihnen zu Herzen gehen wird. All die anderen Serienkiller haben natürlich moralisch verwerfliche Taten begangen. Sie bringen Frauen, Kinder und nette Menschen um. Staffel 4 (mit dem Trinity-Killer) ist Ihre Abschlussprüfung (quasi die Aufnahmeprüfung für das Jura- und das Medizinstudium in einem). Die vierte Staffel von *Dexter* wird Sie sich nach der sorglosen Zeit zurücksehnen lassen, in der Kain Abel umbrachte. Aber wenn Sie es schaffen, sich alle Folgen anzusehen, dann gehören Sie wieder dazu. Und sind Sie für den nächsten Comedy-Abend gerüstet.

FALLS GEWALT
SIE IMMER NOCH ZUSAMMENZUCKEN LÄSST ...

... warten Sie einfach, bis Sie ein gewisses Alter erreicht haben. Als Seniorin werden Sie von diesen Filmen gar nicht genug bekommen, weil alte Menschen es lieben, junge Menschen sterben zu sehen. Sie lieben *Navy CIS* und *CSI – Den Tätern auf der Spur*. Je vielversprechender die Zukunft des Opfers, desto befriedigender seine Ermordung. Warum? Weil alte Leute eifersüchtige Fieslinge sind (fast wie Gott im Alten Testament). Wenn alte Leute keine Krimiserien anschauen, sehen sie Gerichtsshows. Sie lieben es, wenn die Angeklagten angeschnauzt werden. Das ist der Höhepunkt ihres Tages. Sie jubeln und brüllen, wenn jemand niedergemacht wird. Denn das ist das Einzige, was alte Leute wollen: junge Leute niedermachen und sie wegen Zeitungsdiebstahls ins Gefängnis bringen. Als ob junge Leute Zeitung lesen würden.

Eines Tages werden Sie die alte Frau sein, die Dexter anfeuert und in der Bibel die Stellen anstreicht, an denen es um Sklaverei geht.

> **Denken Sie daran:**
> Ein Leben, in dem man bei Witzen über tote Babys nicht lachen kann, ist nicht lebenswert.

Warnung: Schauen Sie sich keine Dokumentationen über Suchtkranke an

Das wird Sie um Jahre zurückwerfen. Oft nennen die Abhängigen einen Auslöser, der sie zum Alkohol- oder Drogenkonsum brachte. Dabei handelt es sich unweigerlich um ein Ereignis oder einen Zustand, den es auch in Ihrem Leben gibt. Sie werden nachts nicht mehr schlafen können, weil die Vorstellung Sie verfolgt, dass Sie Ihr Kind in ein Leben voller faulender Zähne und Zwangsentzüge treiben.

Junkie: »Es wurde schlimm, als meine Eltern sich scheiden ließen und Mama anfing, Männer nach Hause zu bringen.«

Sie: »Na, toll. Ich bin geschieden, und neulich hat mir der Witwer von nebenan zugezwinkert.«

....

Meth-Abhängiger: »Ich bin in einer kleinen Stadt aufgewachsen, in der nichts los war.«

Sie: »Na, toll. Genau deswegen bin ich hierhergezogen – weil ich dachte, eine kleine Stadt sei gut zum Aufziehen von Kindern.«

....

Crack-Abhängiger: »Unser Nachbar hat mich sexuell belästigt.«

Sie: »Na, toll. Ich habe Nachbarn. Zu beiden Seiten und gegenüber.«

....

Alkoholiker: »Meine Mutter hat viel getrunken.«

Sie: »Na, wenigstens bin ich keine Alkoholikerin. Jeder fängt doch seinen Tag mit einer ›Gin Latte‹ an, oder?«

50

Wie man es vermeidet, sich wegen Horrorstorys in den Nachrichten verrückt zu machen

Es passiert ständig. Sie gehen auf eine Nachrichten-Website, wollen ein paar wohldosierte Informationen – vielleicht eine Überschrift und den ersten Abschnitt dazu. Dinge, die ein halbwegs informierter Erwachsener wissen sollte: Politik, Prominente, vielleicht ein Video von einem Reh in einem Swimmingpool. Stattdessen fällt Ihr Blick auf eine Horrorstory über ein Kind. Ein Kind im selben Alter wie Ihres. Sie sollten das Browserfenster schließen oder den Laptop zuklappen – alles, nur nicht die ganze Geschichte lesen.

Aber das tun Sie nicht. Stattdessen stürzen Sie sich kopfüber in den Horror einer anderen Mutter und identifizieren sich völlig mit ihr. Sie malen sich aus, wie Sie sich verhalten würden, fragen sich, ob Sie sich nicht umbringen würden. Sie fangen an zu weinen. Sie umarmen Ihre Kinder, die Sie für seltsam oder betrunken halten.

Das Schreckliche am Kinderaufziehen ist, dass man ständig nur einen dummen Fehler von unermesslicher Trauer entfernt ist. Man vergisst, die Batterie im Rauchmelder zu kontrollieren, vertraut dem falschen Trainer oder fährt gleichzeitig mit einem Betrunkenen auf eine Kreuzung, und schon ist das eigene Kind fürs Leben gezeichnet oder tot. Jeder warnt frischgebackene Eltern vor dem Schlafmangel und den endlosen Kosten, aber das Schlimmste ist eigentlich, dass einem für den Rest seines Lebens das Herz gebrochen werden kann.

Wenn Sie jedes in den Medien breitgetretene Verbrechen und jeden Unfall im Geist nachvollziehen, als ob Ihre Familie davon betroffen sei, werden Sie verrückt. Und das können Sie sich nicht leisten. Sie haben Kinder zu versorgen ... und Serien anzuschauen.

MEIDEN SIE DIESE ART VON NACHRICHTEN

Das gilt insbesondere für Sondersendungen von *Aktenzeichen XY ungelöst* mit dem Titel »Wo ist mein Kind?«. Es gibt Nachrichten, über die Sie nicht auf dem Laufenden sein müssen.

Wenn Sie online einen Bericht über ein Verbrechen an einem Kind gelesen haben, scrollen Sie auf keinen Fall zu den Kommentaren. Falls es Ihnen vorher noch nicht den Magen umgedreht hat, wird es passieren, wenn Sie den wilden Hass zur Kenntnis nehmen, der sich gegen die Mutter richtet. Männer wie Frauen dreschen auf sie ein. Wenn der Täter der Vater des Kindes ist, ist es die Schuld der Mutter, weil sie ihn geheiratet hat. Wenn Anne Frank lange genug gelebt hätte, um Kommentare im Internet zu lesen, wäre ihr klar geworden, dass die Menschen – tief im Innern – wirklich Arschlöcher sind.

SEIEN SIE DANKBAR DAFÜR, DASS SIE IM EINUNDZWANZIGSTEN JAHRHUNDERT LEBEN

Es hat einiges für sich, als Mensch in diesem Zeitalter zu leben! Die Welt ist jetzt freundlicher als in jeder anderen geschichtlichen Epoche. Im Gegensatz zu Ihren Vorfahrinnen werden Sie nie mitansehen müssen, wie Ihr Kind einer aztekischen Gottheit geopfert, von den Spartanern ins Meer geworfen, von Galliern vergewaltigt, von Cromwells Männern mit Speeren durchbohrt, in den Frachtraum eines Sklavenschiffs auf dem Weg in die Neue Welt gepfercht oder von der Kinderlähmung verkrüppelt wird.

Diesen Vorteil haben Sie schon mal.

SIE UND IHRE LIEBEN WERDEN WAHRSCHEINLICH AN ALTERSSCHWÄCHE STERBEN

Es ist sehr wahrscheinlich, dass Ihnen und Ihrer Familie niemals etwas Schlimmes zustoßen wird. (Es sei denn, Sie gehören zur Familie Kennedy. Dann ist alles möglich.) Aber bei allen anderen sind die Sorgen und Was-wenn-Fragen völlig überflüssig. Ihren Kindern wird es gut gehen. Sie selbst werden sich mit den üblichen Wehwehchen alternder Frauen herumplagen müssen: ergrauendem Schamhaar, geäderten Händen (wie Madonna) und einer so lästigen Schwerhörigkeit, dass niemand mehr mit Ihnen reden will.

Fragen Sie sich, welche schlimmen Dinge passieren könnten: »Was ist, wenn mein Kind sein Studium abbricht?« oder »Was ist, wenn es an der Uni bleibt und als Hauptfach Kunstgeschichte belegt?«

Die Realität wird wahrscheinlich folgendermaßen aussehen: Ihr Sohn wird wieder daheim wohnen, bis er dreißig ist, eine Frau heiraten, die Sie nicht mögen, seine Tochter nach der anderen Großmutter benennen, Sie auf dem Friedhof beerdigen, der Ihnen noch nie gefallen hat, alt werden, kahl werden und ebenfalls sterben. Und so weiter und so fort, bis die ganze Menschheit vom Klimawandel oder großen weißen Haien ausgelöscht wird.

Mit anderen Worten: Es gibt vieles, auf das Sie sich freuen können.

 Denken Sie daran:
Sie sind auf dem besten Weg, ein langweiliges Leben zu führen, mit dem Sie nie Schlagzeilen machen werden. Und das ist gut so.

51

Wie man mit den Kindern Eisenbahn oder Barbie spielt, ohne aus dem Fenster springen zu wollen

Pfarrer sagen oft: »Hasst die Sünde und liebt den Sünder.« Ebenso können Sie Ihre Tochter lieben, aber es hassen, mit ihr Barbie zu spielen.

Meine Güte, Sie sind erwachsen. Sie hatten Sex. Sie waren oft genug in Las Vegas, um es »Vegas« zu nennen. Sie sind einmal 31 Stunden am Stück wach geblieben, und Sie haben zweimal auf Ihrem Laptop Pornos angeschaut, während Ihre Mutter im Nebenzimmer war. Falls Sie noch nicht von einem Fremden im Zug befummelt wurden, wird es noch passieren. Sie haben Ihr Soll erfüllt.

Eine Frau wie Sie hat es sich verdient, kein Lichtschwert schwingen zu müssen und sich nicht »Leia« nennen zu lassen. Und trotzdem werden Ihre Kinder quengeln und betteln. Seien Sie nicht so streng mit ihnen, sie kommen noch nicht viel raus. Im Augenblick sind Sie der coolste Mensch, den sie kennen, und sie werden gern mit Ihnen gesehen. Ihre Möglichkeiten:

- **Zeigen Sie nur minimalen Einsatz:** Hier geht es um Spielzeugeisenbahnen, nicht um Ihre Karriere. Und Ihr Kind beurteilt Sie nicht im Hinblick auf eine Gehaltserhöhung. Es genügt vollauf, die Eisenbahn auf einem langen, geraden Schienenstück hin und her fahren zu lassen, statt sich zu verrenken und den Zug in Kurven und unter Brücken hindurchzufahren. Es gilt folgende Faustregel: Wenn Sie die Aktivität im Schneidersitz begonnen haben, beenden Sie sie auch in dieser Haltung.

- **Ziehen Sie sich nach ein paar Minuten zurück:** Manchmal brauchen Kinder nur einen Einstieg. Wenn Sie zehn Minuten lang intensiv und engagiert mitspielen, können Sie sich möglicherweise unbemerkt davonstehlen, während Ihr Kind noch eine halbe Stunde allein weiterspielt.
- **Hintergrundmusik:** Das ist eine günstige Gelegenheit, Ihr Kind an die Musik aus Ihrer Jugend heranzuführen: Springsteen, Prince, Madonna, U2, Nirvana, David Bowie, Foo Fighters. (Falls Sie die Foo Fighters aus Ihrer Jugend kennen, fordern die Springsteen-Mütter Sie hiermit auf, einen Moment im Lesen innezuhalten und sich selbst den Stinkefinger zu zeigen. Danke.)
- **Äh, ist dafür nicht Papa zuständig?** Mit dem Satz »Warte, bis Papa heimkommt« wurden früher Prügel angekündigt. Für die heutige Generation bezieht er sich auf das gemeinsame Spielen. Die meisten Frauen erledigen mehr als 50 Prozent der Erziehungs- und Hausarbeit. Böse zu erschießen ist Papas Aufgabe.
- **Der Wunsch, mit Ihnen zu spielen, wird nicht lange anhalten:** Wenn Ihr Kind zwei Jahre oder älter ist, ist es maximal zehn Jahre von dem Alter entfernt, in dem es Sie in der Öffentlichkeit verleugnen und zu Hause ignorieren wird. Sie werden nicht mehr lange mit ihm spielen müssen.

 Denken Sie daran:
Sie müssen hier keine Höchstleistung bringen. Für den Spaß ist Papa zuständig.

Ihr Kind und das Improvisationstheater

Unterhaltungen mit Kindern im Vorschulalter sind wie Improvisationstheater mit dem schlechtesten Partner der Welt. Nehmen wir an, Sie machen gerade das Frühstück, als Ihr Kind sich mit folgenden Worten an Sie wendet:

»Oh, nein, Mama, unser Flugzeug brennt!«

Ihre Vierjährige hat Sie gerade in eine Improvisationsszene einbezogen. Hoffentlich sind Sie bereit. Sie hat einen Ort (ein Flugzeug) und Rahmenbedingungen (Feuer) genannt. An der Art, wie sie sich zusammenkauert, erkennen Sie, dass Sie beide Passagiere auf dieser unglückseligen Hindenburg sind. Sie wissen, dass die erste Regel im Improvisationstheater lautet: »Niemals widersprechen«.

»Oh, mein Gott«, sagen Sie deshalb und schauen sich dabei um. »Unser Flugzeug brennt tatsächlich!« Na ja, Sie sind nicht gerade Robin Williams, aber Sie spielen mit. So weit, so gut.

»Und das Flugzeug hat viele Füße, und die Füße sind sehr heiß«, sagt Ihre Tochter.

Aha! Weitere Informationen von Ihrer Partnerin! Sie sitzen nicht nur in einem brennenden Flugzeug, sondern aus Gründen, die sich Ihnen vielleicht niemals erschließen werden, hat das Flugzeug Füße. Viele Füße. Und diese Füße sind heiß (vermutlich wegen des Feuers).

»Nun, wir sollten dem Flugzeug Schuhe anziehen«, sagen Sie, um die Szene voranzubringen.

»Mama«, seufzt Ihre Tochter, »Flugzeuge haben doch keine Schuhe an.«

Sie Dummerchen, das hätten Sie ja wirklich wissen können. Regeln hin, Regeln her.

52

Was Sie unbedingt noch vor der Entbindung erledigen müssen

Sie sind in der 39. Woche. Dieser Teil ist fast vorbei: Die ausgebliebene Periode, der positive Schwangerschaftstest, die Ultraschallaufnahmen, die Folsäure, die Omega-3-Öle, die Nackenfaltenmessung und ihr Ergebnis, das häufige Pinkeln, die Fruchtwasseruntersuchung und ihr Ergebnis, die Lotion gegen Schwangerschaftsstreifen, das heimliche Nippen am Merlot, die von Männern angebotenen Sitzplätze, das Schlafen auf dem Rücken, das Kinderzimmer, der beste Kinderwagen, der Lieblingsjungenname der Schwiegermutter (Franz), die Baby-Party, die Stoffwindeln, die Sie einmal benutzen und dann wegwerfen werden.

Sie haben es beinahe geschafft. Es bleibt nur noch eines zu tun: den Haaransatz färben lassen.

In den ersten Stunden nach der Geburt sind Sie in einem ekstatischen Zustand und nehmen alles wie durch einen Schleier wahr. Sie sind von neu entdeckter Mutterliebe und Schmerzmitteln erfüllt. Dann lässt die Wirkung der Narkose oder der PDA nach. Sie müssen pinkeln. Die Toilette ist ungefähr eineinhalb Meter entfernt, aber Sie brauchen für diese Strecke einen Rollator. Auf dem Weg zur Toilette wird Ihnen bewusst, dass Ihre Vagina von Fäden zusammengehalten wird. Wenn Sie einen Kaiserschnitt hatten, zeigt sich auf Ihrem Bauch ein schmallippiges Lächeln.

Sie sehen aus wie das, was Sie sind: die Überlebende einer Entbindung.

Ihr neues Leben zeichnet sich immer deutlicher ab. Zusammengenähte Körperhälften, die verschwommene Erinnerung an den Stuhlabgang im Kreißsaal (vor den Augen Ihres Mannes). Volle Brüste, aus denen Milch auf Ihre Bluse tropft und Flecken in der Form Chiles bildet.

Was Sie jetzt brauchen, ist ein Blick in den Spiegel mit dem Gedanken: »Verdammt, wenigstens sehen meine Haare gut aus.«

Vereinbaren Sie einen Termin, und zwar schnell, falls das Baby früher kommt. Falls Sie sich weitere Behandlungen leisten können, gönnen Sie sich eine Pediküre und eine Beinenthaarung. Sorgen Sie dafür, dass Sie sich in den ersten sechs Wochen nicht um Haare unterhalb Ihrer Taille kümmern müssen. Denn wenn Sie sich zu früh nach vorn beugen, um Ihre Beine zu rasieren, erhaschen Sie womöglich einen Blick auf die Schäden im Intimbereich, bevor die Schwellung zurückgegangen ist, und das wird Sie in Verzweiflung stürzen.

Darum raten wir auch von einer Enthaarung der Bikinizone ab. Sie brauchen Tarnung.

 Denken Sie daran:
Um es mit einem der Grundsätze der Anonymen Alkoholiker auszudrücken: »Das Wichtigste zuerst«. Erst der Haaransatz, dann das Baby.

Danksagung

Dieses Buch wäre ohne die klugen Einsichten der unermüdlich wunderbaren Yfat Reiss Gendell nie entstanden. Ihr großartiges Team bei Foundry hat ebenfalls unschätzbar wertvolle Arbeit geleistet – Foreign Rights Director Stephanie Abou und ihre Kollegin Rachel Hecht sowie die Redaktionsassistentinnen Cecilia Campbell Westlind und Erica Walker. Großen Dank schulden wir der unvergleichlichen Madeleine Morel, die den Kontakt zu Yfat hergestellt und diese Zusammenarbeit ermöglicht hat.

Wir hatten das Glück, in Jennifer Levesque, unserer Lektorin bei Abrams, eine Seelenverwandte zu finden. Ihre Teamkollegen – Cheflektor David Blatty, Art Director Sarah Gifford, Designerin Kara Strubel und Claire Bamundo – sind absolute Profis.

Wir möchten außerdem folgenden Personen danken:

Laurie Kilmartin:
Meinem Vater Ron, meinem Sohn (ohne Namensnennung, damit er sich von mir distanzieren kann) und den Babysittern Klare und Kathleen. In den Kapiteln über Babysitter geht es nicht um euch.

Karen Moline:
Meinem bezaubernden Sohn Emmanuel dafür, dass er mir unzählige neue Möglichkeiten aufgezeigt hat, Dinge zu vermasseln.

Ich danke auch den Babysittern Sara, Kassaundra und Diane, deren Studiendarlehen wegen der vielen Stunden, die sie bei mir abgeleistet haben, jetzt kleiner geworden sind, sowie den Deluxe-Müttern Deborah Feingold, Maggie Alderson und Eve Blouin, die uns zum Lachen bringen, auch wenn das Leben nicht immer lustig ist.

Alicia Ybarbo:
Meinem Partner bei der Erziehungsarbeit, Mark Zimmerman: Du bist ein so liebevoller Ehemann und Vater. Ich danke dir dafür, und ich liebe dich. Und Goose und Scootie möchte ich sagen: Nichts macht mich glücklicher, als eure Mama zu sein.

Mary Ann Zoellner:
Meinem Mann Alexander und meinen kleinen Mädchen, Beanie und Pinkie. Euer Humor, eure Unterstützung und eure Liebe machen jeden neuen Tag ein wenig schöner als den vorherigen.

Ein Elternpaar packt aus:
die ganze Wahrheit über das Leben mit Kindern.

224 Seiten
ISBN 978-3-442-15665-8

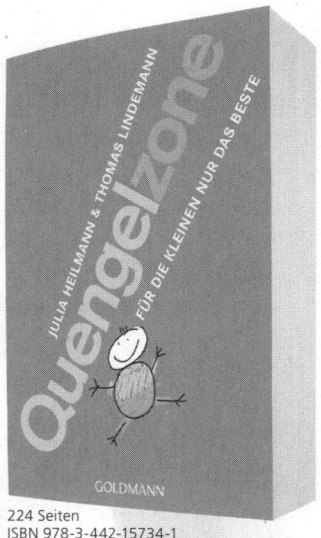

224 Seiten
ISBN 978-3-442-15734-1

„Das wohl ehrlichste Elternbuch aller Zeiten!"   Bild

Die Kinderkacke geht weiter: So werden Eltern beim Einkauf über den Wickeltisch gezogen.

www.goldmann-verlag.de
www.facebook.com/goldmannverlag

GOLDMANN
Lesen erleben